無理しないから
無駄もない
「草食系」社員のための
お手軽
キャリアマネジメント

楽しく、役に立ち、
超マイペース！

沢渡あまね
Amane Sawatari
著

B&Tブックス
日刊工業新聞社

はじめに　～「草食系」の時代がやってきた！

「キャリアアップ」

みなさんはこの言葉に対してどんなイメージをお持ちですか？

わたしが以前勤めていた会社で、20代の若手数名に聞いたところ、こんな答えが返ってきました。

「海外留学や海外勤務の経験のある人が、ＭＢＡなどの輝かしい資格を片手に、外資系企業を渡り歩いてステータスや年収を上げていく感じ。」

…なるほど、キャリアアップって、いわゆるエリートがエネルギッシュに「バリバリ」「ガツガツ」と突進していくイメージのようです。

たしかに、転職が一般的ではなかったひと昔前までは、「キャリアアップ」は一部の「肉食系」なインテリジェント＆上昇志向を持った人たちだけのものでした。

しかし、最近は状況が違います。

■終身雇用の崩壊
■年功序列→成果主義へのシフト
■事業のグローバル化に伴う業務の海外移転の進行
■国内マーケットの縮小に伴うリストラ

いまや、「バリバリ」「ガツガツ」ではない、ごく一般的な日本企業のビジネスパーソンも、キャリアと真剣に向き合わざるを得ない時代です。

また、大企業であれば、子会社Ｍ＆Ａ先への転籍など「自ら転職した覚えはないのに、気がついたら会社が変わってしまった」人も珍しくありません。

自分が好む好まざるに拘らず、キャリアをブラッシュアップし、新しい環境にチャレンジしなくてはならないシーンが確実に増えてきているのです。

「大企業に勤めているから安泰だ。」

「年収はそこそこでいいから、このままでいいや。」

そのように涼しい顔をしてはいられません。

ちなみに、みなさんは転職する人の数ってどれくらいだと思いますか？

総務省が公表している労働力調査によると、２０１２年の全国の転職者数はおよそ２８５万人。この数字はあくまで過去1年以内に転職をした人の数であり、1年を超えて転職活動中の人や転職希望者を含めると約６００～７００万人はいると推定されています。

労働人口のおよそ10人に１人が転職者、あるいは転職を考えている！

これが実態です。

また、転職に限らず同じ会社内での「異動」もキャリアアップの手段のひとつです。異動者／異動希望者を含めると、さらに多くの人が自身のキャリアと向きあっているといえるでしょう。

もはやキャリアアップは一部の「肉食系」の人たちだけが考えればよいものではないのです。

輝かしいバックグラウンドや資格を武器に、外資系企業を飛び回ってバリバリとステータスや年収を上げていく人たちを「肉食系」と称するならば、そうでないわたしたちは「草食系」に譬えることができるでしょう。

■日本の企業で、
■特別な武器や経験（語学力資格、技術など）もなく、
■日々、与えられた仕事をただこなしてきた

そんな「草食系」もキャリアアップを考えなければならない時代なのです。

「そうは言っても『肉食系』にはかないっこないよ…。」

「結局は、一部の『肉食系』だけが勝つ世の中なのさ…。」

…そうあきらめてしまっているそこのあなた！

だいじょうぶ。「草食系」でもキャリアアップは十分可能です。

わたし自身、どちらかと言えば、「草食系」タイプの人間です。そして、この本でお話しするアプローチで転職・異動をし、キャリアも年収もアップさせてきました。日本企業にしか勤めたことがなく、特殊な技術もなく、たいした資格もないわたしですが、グローバル企業で時に「肉食系」と肩を並べて仕事をしています。

「草食系」のわたしたちが、これからの時代を「無理なく」「無駄なく」生きていけるようにするためのアプローチ。それが、本書でわたしが提案する「草食系」のキャリアマネジメントです。

「んん？草食系のキャリアマネジメント？『無理なく？』『無駄なく？』…なんじゃそりゃ？」

もう少しだけ具体的なお話をしましょうか。

本書でお話しするのは、いまの自分を肯定して活かす「自分資産運用型」のキャリアマネジメント方法です。

…ね！　なんか草食系のわたしたちにもできそうな気がしませんか？

「自分資産運用型」のキャリアマネジメント

自分の資産（＝経験やスキル）を「引き出し」「部品」に分解し、それを組み合わせることで
いかにしてラクに日々の仕事に対して成果を出すか？
さらには転職／異動などのキャリアアップにつなげるか？　…を考え実践する。

「草食系」ってどうもネガティブイメージでとらえられがちですよね（「草食系男子」とか…）。でも、わたしはそうは思いません。「草食系」は実は時に肉食をしのぐ強い生き物なのです。


草食動物をひとつ思い浮かべてみましょうか。

たとえば、丘の牧場に住むヤギ。

ヤギは、のんびりと目先の草を食んでいるように見えます。

ところが、目の前の草がなくなると、丘の上へ上へと新たな草を求めて進んでいきますよね。

そして時折、岩に登って力強く高い空を仰いでいるではありませんか。

「草食系」は、決して弱い生き物ではありません。いま目の前にある草をないがしろにせず、その次へと着実に歩みを進めているのです。


「留学経験もないし帰国子女でもない…」

「たいした資格もない…」

「自慢できる得意分野もスキルもない…」

「自分に自信がない…」

「プライベートも大切にしたい…」

…大丈夫です！

そんなわたしたちも立派なキャリアを形成することができます！

キャリア形成・キャリアアップは、「肉食系」の人たちだけのものではありません。

「草食系」だからこそできるキャリアアップがあります。グローバルな仕事を手にすることもできますし、年収を上げることだってできるのです。

「草食系」キャリア。一緒に歩みませんか？


この本は、「草食系」のあなたを「売れる」あなたに変える一冊です。

さあ、一緒に草食系のキャリアマネジメントを始めましょう！　…自分資産という、あなたの中にある武器を手にして。

目次

序章〈プロローグ〉「無理なく」「無駄なく」自分資産運用型でキャリアマネジメント

序章〈プロローグ〉

「無理なく」「無駄なく」自分資産運用型でキャリアマネジメント

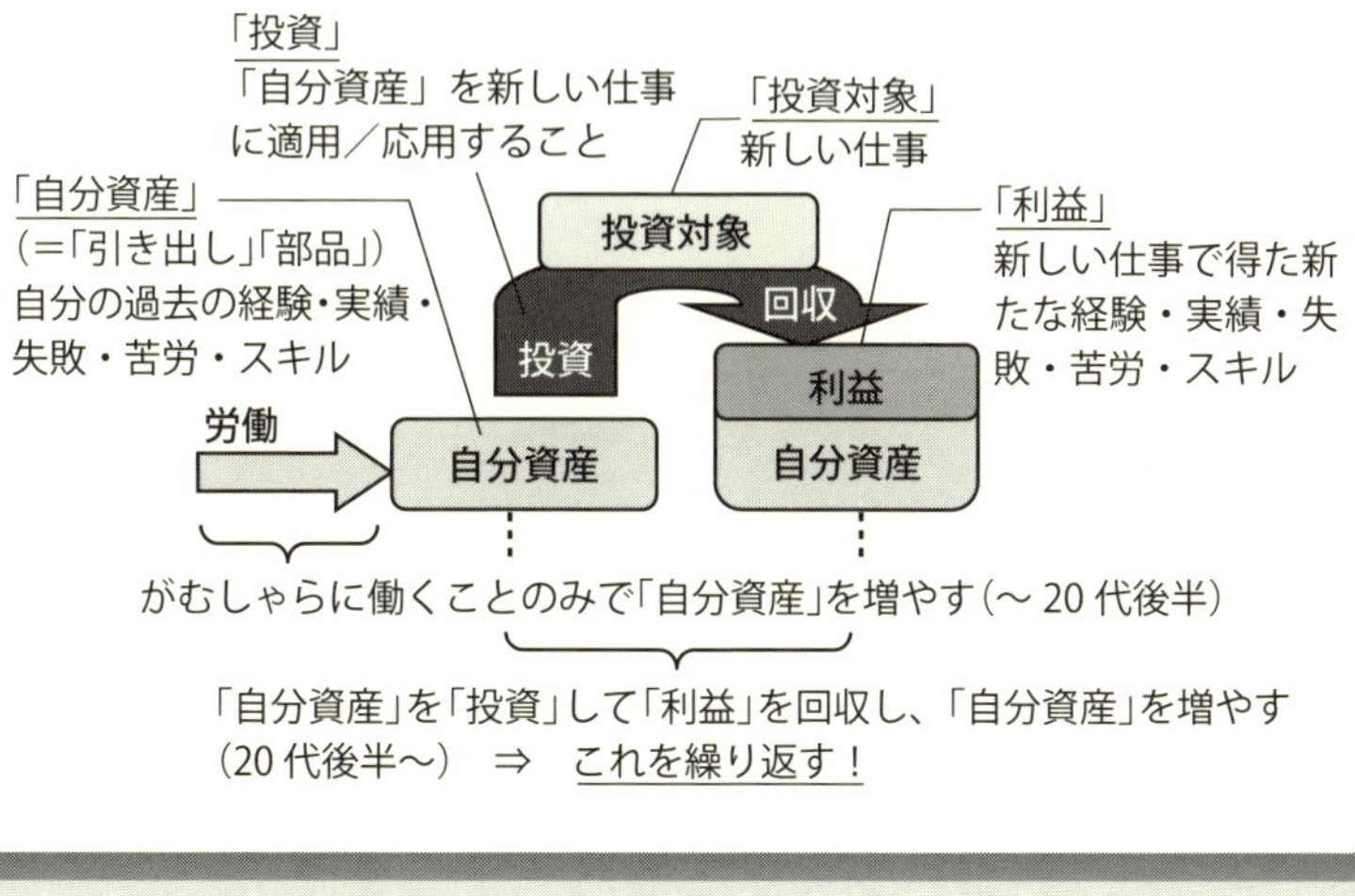
「投資」
「自分資産」を新しい仕事に適用／応用すること
「投資対象」
新しい仕事
「自分資産」
（＝「引き出し」「部品」）
自分の過去の経験・実績・失敗・苦労・スキル
投資対象
「利益」
新しい仕事で得た新たな経験・実績・失敗・苦労・スキル
回収
投資
利益
労働
自分資産
自分資産
がむしゃらに働くことのみで「自分資産」を増やす（〜 20 代後半）
「自分資産」を「投資」して「利益」を回収し、「自分資産」を増やす
（20 代後半〜） ⇒ これを繰り返す！

0-1

自分資産運用型とは

本書は、「草食系」のビジネスパーソンがキャリアアップをするための本です。

また、ここで提案するのは「自分資産運用型」のキャリアマネジメント方法です。

「自分資産運用型って??」

…と、本題に入る前に少しだけ余談を。


わたしはブロックのおもちゃが好きです。

あれは3歳の誕生日だったでしょうか。祖母に買ってもらった「バスターミナル」という箱入りのセットが、わたしが最初に出会ったブロックでした。

当時のブロックはいたってシンプル。今でこそ個々の部品（パーツ）も高度化されていますが、わたしが幼い頃の部品は「平板」「四角」「丸」などの単純なものばかり。それをひとつひとつ組み合わせて、「バスターミナル」「ガソリンスタンド」など、これまた単純なオブジェクトを作るものでした。

はじめは、説明書と箱に印刷された「完成図」を見ながら、忠実に与えられたオブジェクト「バスターミナル」を完成させます。しかし、ややもするとそれだけでは飽き足らなくなり、自分のオリジナル作品にチャレンジしたくなる…。今日は「消防署」を作ってみようか？　いっそ「恐竜」でも作ってみるか？　そんなイマジネーションを働かせながら、部品を一つひとつ手に取ります。

さりとて部品は潤沢にあるわけではありません。おもちゃ箱の中の限られた部品を組み合わせて、いかに自分の望みどおりのものを作るか？　小さな脳みそを捻りに捻って、「ああでもない、こうでもない」と試行錯誤しながら部品を組んでゆくプロセスは、もどかしくも楽しいものでした。

そして単なる「四角」や「丸」が、自分オリジナルの「消防署」や「恐竜」に生まれ変わる瞬間！それまでのもどかしさが、喜びに変わる瞬間です。そんな、ものづくりの喜びと感動を幼いわたしに教えてくれたのがブロックでした。

（そういう意味で、最近のブロック製品は部品が高度に目的化しすぎてしまっていて、組み合わせて別のものを作る自由が奪われてしまっているなぁ…なんて感じています。）

そして大人になった今も、ブロック遊びをやめられない始末。

余談が長くなりました。

この本では、みなさん一人一人を部品（パーツ）に分解します。

「えぇー、バラバラにされちゃうの？」…この本はオカルト小説ではないのでご安心を。

本書でいう「部品」は、みなさん一人ひとりがこれまでのお仕事を通じて得られた「経験」「苦労」「失敗談」「身に着けたスキル」などです。すなわち、今現在のあなた自身の構成要素です。つまり、

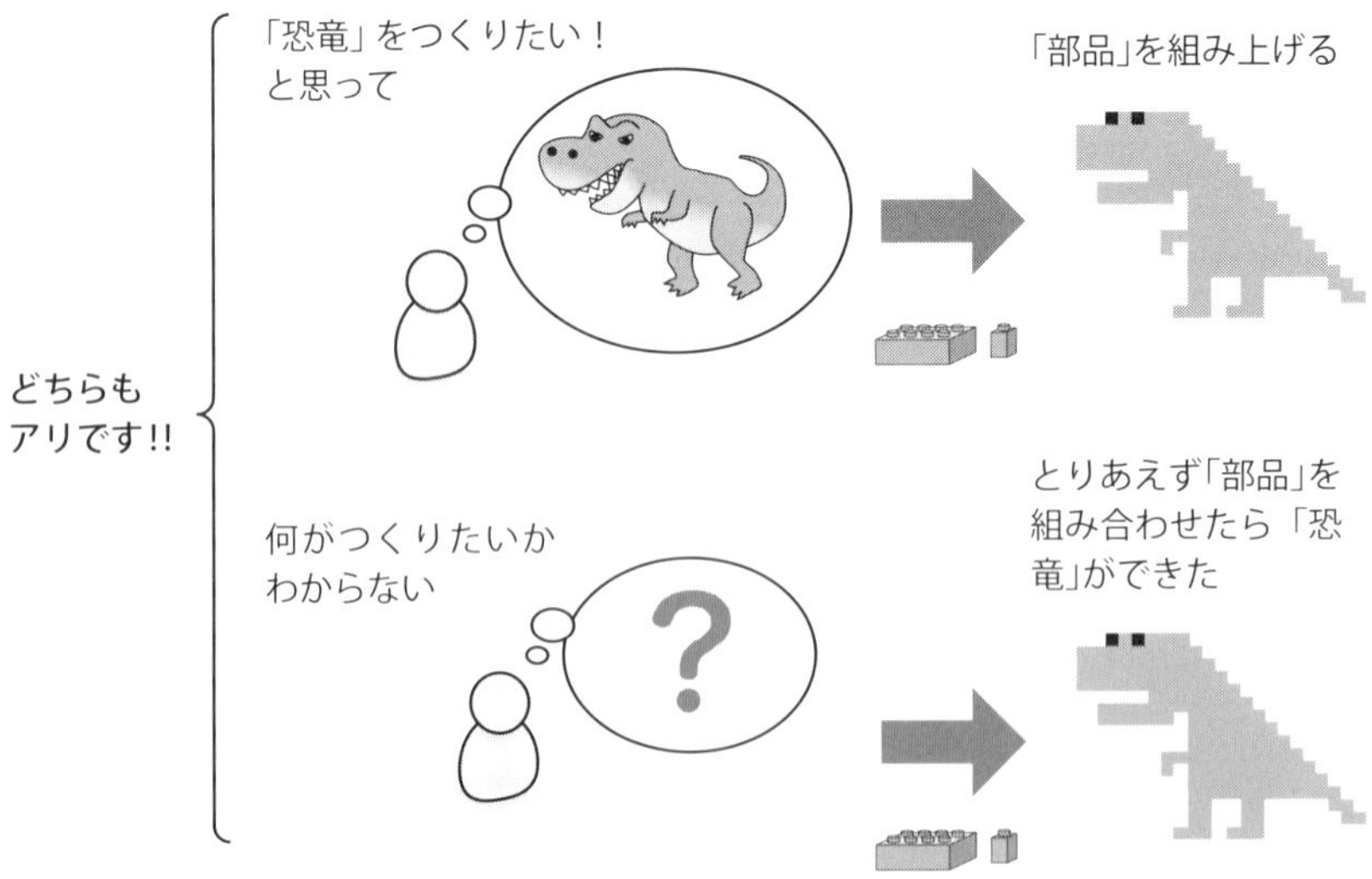

言い換えれば、これが「自分資産」。

どうぞ、この本を読み進めながら、どんどん自分を「部品化」していってください。

そして、「部品」をいろいろと組み合わせてみることでどんな自分ができあがるかを考え、実践しましょう。これは、言い換えれば、「運用」。

最初から「恐竜」をつくりたい！　と思って「部品」を組み上げていくのもよいでしょう。あるいは、何をつくりたいかわからないけれど、とりあえず「部品」を組み合わせてみるのもよいかもしれません。組み合わせてみた結果、自分が思いもしなかったステキなオブジェクトができあがることもあります。

目的の物をつくろうとするとき、「部品」が足りないことがあるかもしれませんね。あなたという「おもちゃ箱」の中の部品は限られていますから。そんなときは、「足りない『部品』をどうやって補うか？」を考える必要があります。買ってくる、借りてくる、違う「部品」で代用する…選択肢はたくさんあります。

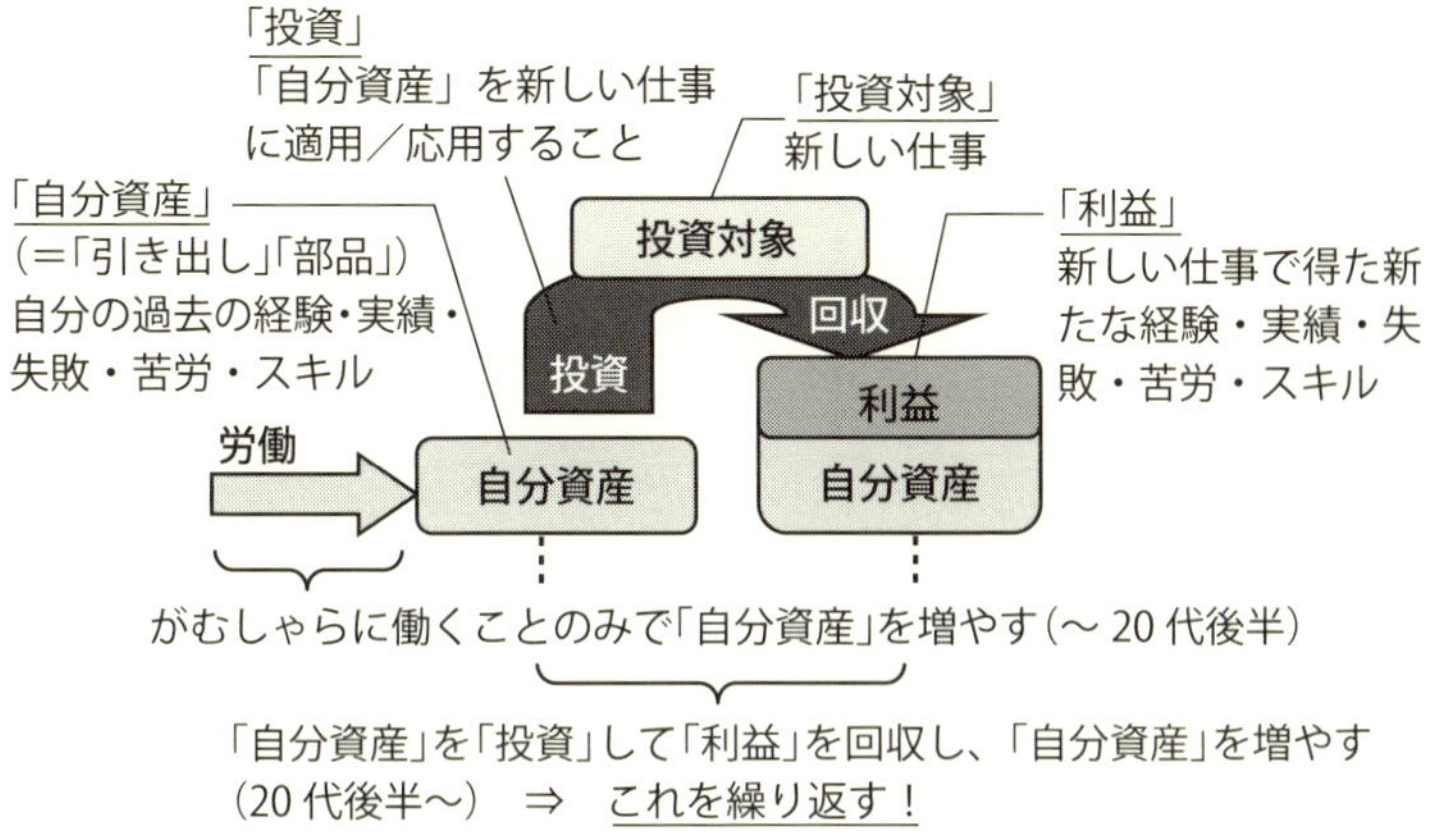
「投資」
「自分資産」を新しい仕事
に適用／応用すること
「投資対象」
新しい仕事
「自分資産」
（＝「引き出し」「部品」）
自分の過去の経験・実績・
失敗・苦労・スキル
「利益」
新しい仕事で得た新
たな経験・実績・失
敗・苦労・スキル
投資対象
回収
投資
利益
労働
自分資産
自分資産
がむしゃらに働くことのみで「自分資産」を増やす（～ 20 代後半）
「自分資産」を「投資」して「利益」を回収し、「自分資産」を増やす
（20 代後半～）⇒ これを繰り返す！

図0–1 「自分資産運用型」のキャリアマネジメント

「部品」（＝自分の過去）に着目しながら、なりたい自分、なれそうな自分をイマジネーションしていくのです。これが「自分資産運用型」のキャリアマネジメントです。

ここで、イメージをつかんでいただくための図をお見せします。⇒図0－1

ここでは、「ああ、この本ではこんな感じの話が展開されるのだな…」程度に見ていただければと思います。

子どもがブロックのパーツを組み上げて何かをつくりあげていくように、みなさん一人ひとりの中にある「部品」を組み合わせて、いかにラクに日々の仕事に対する成果を出しつつ、将来のキャリアを形成していくか…わたしの転職・異動を通じた体験談を交えてお話します！

さあ、まずはみなさん自身の「おもちゃ箱」をひっくり返してみましょう！

・こんなみなさんに贈ります

この本は「草食系」のビジネスパーソンをターゲットにしています。中でも、次のようなあなたが対象です。

■無我夢中で仕事を頑張っている、あなた
■頑張りすぎて仕事に疲れた、あなた
■ワークライフバランスを保ちつつキャリアアップしたい、あなた
■新しい環境でどうやって自分が貢献できるか悩んでいる、あなた
■自分に自信がない、あなた
■仕事が自分に合わず悩んでいる、あなた
■どうキャリア形成をしていったらよいか悩んでいる、あなた
■新しい仕事をするチャンスがほしくてうずうずしている、あなた
■どうやってチームマネジメントをしていったらよいか悩んでいる、あなた

…と、ここまで読み進められて「おや?」と思われたかもしれません。

「無我夢中で仕事を頑張っている」「キャリアアップしたい」「チャンスがほしくてうずうずしている」はポジティブな感じ。一方、「仕事に疲れた」「自分に自信がない」「仕事が自分に合わない」は

ネガティブな感じですね。

なんだなんだ？　まったく正反対の、異なるタイプの人間を対象にすると言っているぞ…。ムチャクチャなコトを言っていないか？

読者の中には「著者の沢渡というヤツはいい加減なヤツなんじゃないか」と不信感を持たれた方もいるかもしれないですね。

説明します。

…と、その前にみなさんにお伺いします。

今挙げたタイプの人たちって、本当にまったく異なるタイプの人なのでしょうか？

全く別人なのでしょうか？

いいえ。そうではないのです。

たとえば、あなたが今やる気満々でエネルギッシュに駆け回り、高い成果を出し続けているとします。あなたは、本当にいつもやる気満々でエネルギーに満ち満ちていますか？

おそらくそんなことはないですよね。弱っているとき、やる気のないときもあるでしょう。どんな人にも「波」があります。ええ、なんたって私たちは人間ですから。

すなわち、あなたという同じ人の中でいかなるタイプの状態にもなり得るのです。

それは、内部要因（＝自分のやる気など）によっても、外部要因（＝転職・異動などの環境変化、結婚・出産・育児・家族の病気などのライフスタイルの変化など）によっても左右されます。（自分自身で決められるわけではありません。）

そして、いま改めて、やる気に満ち満ちていてバリバリ働いている人ほど聞いてほしいのですが…今現在の「バリバリ働ける状態」を前提にして、今後の生き方を考えることは大変危険です。その状態は実は大変脆いものなのです。

たとえば、

■家族の都合（配偶者の転勤など）で、あなたが今勤めている会社を離れ、新たな土地で職を探さなければいけなくなったとしたら？

■あなた自身や家族が病気になり、あなたが長時間働きたくても働けない状況になったとしたら？

■あなたが疲労困憊してしまい、働く意欲が衰えてしまったとしたら？

そこまでいかなくても、

■なんか今週（今月）はやる気が出なくて、バリバリと働く気力がない…

なんてこともあります。

このように、あなたが好む好まざるに拘らず、ある日突然自分が思うように働くことができない状況になるかもしれません。そんなときに自分を助けてくれるもの…、それは他ならぬあなた自身の

「過去」にあるのです！

あなたが今まで築きあげてきた
「自分資産」＝「引き出し」「部品」
があなたを助けてくれます。

「強いときの自分」「弱いときの自分」も、すべて自分。

あなたが「強い」ときは、どんどん「引き出し」「部品」に磨きをかけてキャリアアップを目指していけばよいでしょう。あなたが「弱い」ときは、それらの「引き出し」「部品」に頼って生きていけばよい。どんな自分をも助けてくれる「キャリアマネジメント」の考え方、この本ではそれをお伝えします。

そうそう。誤解のないよう、ひとつお断りしておきます。

わたしは「過去に固執して生きろ」と言うつもりはありません。過去にこだわっていては未来はないでしょう。未来に向けて一心不乱に頑張っているとき、過去を振り返る必要はありません。過去に引っ張られる必要はありません。

ただ…自分では「取るに足らない」と思っていた過去の経験が、思わぬときに思わぬ形で自分を助けてくれることがあります。明日のキャリアをつくってくれます。これは、わたし自身が自分の転職・異動経験を通じてしみじみと実感しています。

自分の過去を変えることはできない。ならば過去を積極的に肯定して、現在そして未来を変えるた

「いままでがむしゃらに頑張ってきたけれど、このままでいいのかしら？」

「やみくもに働いてきて、正直もう疲れた。でも、定年まであとウン十年…」

「仕事が楽しくて仕方がない！…でも、これからはどうしよう？？」

「これまでの仕事の経験やスキルを活かして、何か新しい別のことができないかしら？」

「異動・転職してきたばかりだけれど、仕事が自分に合わない／どうやって自分が貢献できるかわからない。どうしよう…」

「今の仕事に飽きてきた。自分の能力が生かせていない。なにか、面白い仕事が舞い込んでこないかなぁ…」

「チームリーダーやれって言われたけれど、誰に何を任せたらよいのかわからないよー」

こんな悩みのあるあなたに贈ります

めの「道具」「武器」として使いましょう。そのために、まず自分自身を整理しておきましょう。

「自分資産運用型」キャリアマネジメントの趣旨は、「過去にこだわること」ではなく「過去を否定しないこと」です。

自分の過去を捨ててしまっては、もったいない！

0-2

「自分資産」で勝負しよう！

・自分資産の棚卸し～「引き出し」と「部品」

自分の過去の経験・苦労・身に着けた知識や能力などを「資産（自分資産）」ととらえ、それを運用していこう…。これが草食系のわたしたちのためのキャリアマネジメントの趣旨です。

どんな過去も決して無駄になることはないですし、思わぬ場面で日の目を見て自分を助けてくれることがあります。（転職と異動を重ねた、わたしが断言します！）

自分資産は「引き出し」「部品」の二つの要素からなります。

「引き出し」「部品」とは、あなたがどこで、何をして、どのように身につけてきたか？ そしてそれで、どんなことができるのか？

すなわち、ビジネスパーソン一人ひとりの経験・実績・苦労・失敗・身につけた知識やノウハウや能力、などです。

・自分資産とは？

「自分資産」＝「引き出し」＋「部品」

繰り返しますが、自分資産とは、ビジネスパーソン一人ひとりの経験・実績・苦労・失敗・身につけた知識やノウハウや能力、などです。（詳しくは第1章でお話しします。）

自分資産をいざというときに使えるようにしておくためには、あなた自身の過去を「引き出し」「部品」の形に分解（棚卸し）しておく必要があります。必要なときに「引き出し」を開けて「部品」を取り出して使うことができるようにする。すなわち「利用可能な状態」にしておくことが大切なのです。

まず、自分自身と向き合い、自分を「引き出し」「部品」にバラしてみましょう。

自分自身の棚卸し。これこそがキャリアマネジメントの第一歩です。

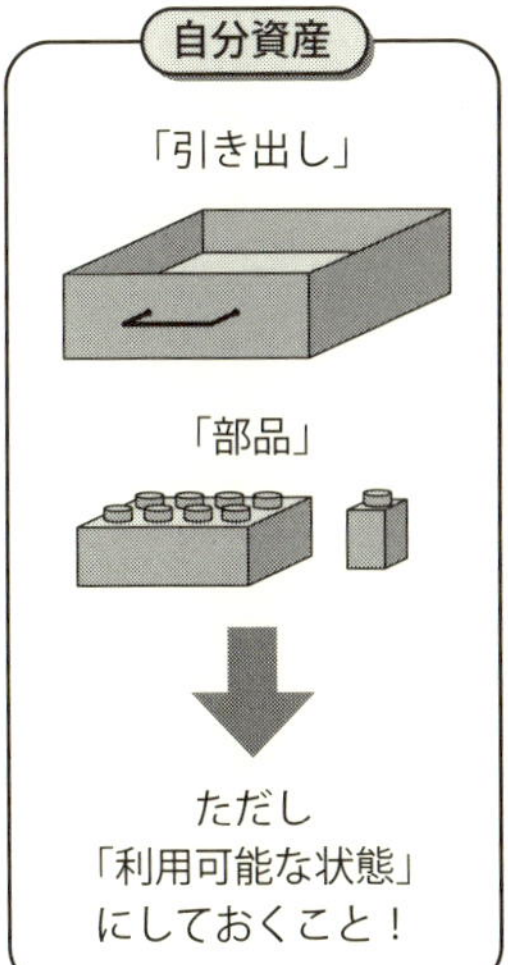
自分資産
「引き出し」
「部品」
ただし
「利用可能な状態」
にしておくこと！

0-3

自分資産の組み合わせ

自分の過去、すなわち自分資産を「引き出し」「部品」に整理できたら、次はそれを組み合わせることを考えましょう。

自分の「引き出し」「部品」を組み合わせることで

■目の前の仕事・タスクを効率よくこなすことができないか？（現在の課題解決）

■自分が新たにどんなことができそうか？（可能性の発見）

■自分のやりたい仕事を手に入れることができないか？（希望の実現）

こんなことをシミュレーションします。

過去の経験・苦労・ノウハウ…これらを活用しないのはもったいないことです。過去に苦労した分これからは「ラク」をすることを考えましょう。

過去の苦労を
未来の「ラク」に!!

0-4

「引き出し」「部品」の組み合わせ＋αで自分自身をマネジメント

ありものの組み合わせを考えることも大切です。しかし、今の自分に足りないものを分析／自己認識することも忘れてはいけません。

（現状に甘んじていては、個人の成長や発展はあり得ないですから。）

■目の前の仕事／タスクをこなすために、いまの自分に足りないものは何か？（現在の課題解決をするために必要な＋α）

■今の自分に何を足せば、新たなことができそうか？（可能性を高い実現性に変えるために必要な＋α）

■自分のやりたい仕事の要件に対して、今の自分に足りていないものは何か？（希望を実現するために必要な＋α）

この足りない「＋α」を明確にしていきましょう。そして、「α」をどうやって調達するか？を考え、実践しましょう。

このサイクルを回すことが、キャリアマネジメントなのです。

無理に背伸びしようとしなくてもよいのです。過去の自分を肯定し、過去の自分の価値を認識することがキャリアマネジメントの始まりです。

(1)自分資産を棚卸しよう～「引き出し」と「部品」

⇓ 自分が過去にどんな経験・苦労をしたか？ どんなノウハウがたまってきたかなど、自分資産を「引き出し」と「部品」の形で洗い出してみよう。

(2)自分資産の組み合わせで勝負しよう

⇓ 過去の経験・苦労・ノウハウを無駄にしてなるものか！ 自分資産を「運用」して、過去に苦労した分、これからは「ラク」をしよう。

(3)自分資産（「引き出し」「部品」）の組み合わせ＋α で自分のキャリアをマネジメントしよう

⇓ 自分資産に何をスパイスすればやりたいことができるか？ もっとストレッチできるか？ という観点でキャリアをマネージし、未来の輝きにつなげよう。

さてさて、今までの話を聞いてこう思われた方もいるのではないでしょうか？

「なんかまどろっこしいし、正直かったるそうだよなぁ…。そんな面倒くさいことしなくても、無我夢中でバリバリと仕事して突き進めばいいじゃない？ 実際、そうやってキャリアアップして活躍しているハイパフォーマーもゴマンといるじゃないか？ 過去の振り返りなんて必要あるの？」

(1)自分資産を棚卸ししよう～「引き出し」と「部品」

⇒　自分が過去にどんな経験・苦労をしたか？どんなノウハウがたまってきたかなど、自分資産を「引き出し」と「部品」の形で洗い出してみよう。

(2)自分資産の組み合わせで勝負しよう

⇒　過去の経験・苦労・ノウハウを無駄にしてなるものか！ 自分資産を「運用」して、過去に苦労した分これからは「ラク」をしよう。

**(3)自分資産(「引き出し」「部品」)の組み合わせ＋α で
自分のキャリアをマネジメントしよう**

⇒　自分資産に何をスパイスすればやりたいことができるか？ もっとストレッチできるか？　という観点でキャリアをマネージし、未来の輝きにつなげよう。

■無理に背伸びしようとしなくてもよいのです。過去の自分を肯定し、過去の自分の価値を認識することが草食系のキャリアマネジメントの始まりです。

図0-2　自分資産で勝負しよう

確かに一理あります。

しかし…皆が皆、いつまでも無我夢中にバリバリと突き進む事ができる人なのでしょうか？ むしろ、そのような気力と体力を維持し続けることのできる人は少数派ではないでしょうか？

繰り返しますが、今現在の「バリバリ働ける状態」を前提にして今後の生き方を考えることは大変危険です。その前に、よく混同されている「キャリアデザイン」と「キャリアマネジメント」の違いについて確認しておきましょう。

0-5

「キャリアデザイン」と「キャリアマネジメント」

「キャリアデザイン」という言葉を聞いたことがないビジネスパーソンはいないでしょう。

「キャリアデザイン」＝自分のビジネスキャリアを設計すること。

今では「キャリアデザイン研修」などのプログラムを導入したり、「キャリアカウンセラー」などの有資格アドバイザーを雇って社員のキャリア形成をサポートしている企業も珍しくなってきました。

ところで、みなさんは「キャリアデザイン」という言葉にどんなイメージを持っていますか？

自分が会社の中で3年先、5年先、10年先、どんな仕事についていたいか考えること。自分の目指す姿を設定し、それに向かって経験したい仕事、取得したい資格、異動の希望を考えること…こんなところではないでしょうか？

わたしの経験上、「キャリアデザイン」は次のような意味で使われていることが多いように思われます。

・「キャリアデザイン」

「キャリアデザイン」とは、自分のやりたいこと（＝希望）を軸に、未来のキャリアパスを設計すること。「なりたい自分」を考えて、それに向かって線路をひいていく感じです。ところが、このような意味での「キャリアデザイン」には二つの「落とし穴」とも言うべき特徴があります。

一つ目は…と説明する前に、ダイアログをひとつ読んでいただきましょう。

以下は、ある大企業での「キャリア面談」でのワンシーンです（実話です、これ）。

上司「で、君はこの先どうしたいの？」

部下「はい、営業企画部門に異動して、マーケティングを経験してみたいと思います。」

上司「はぁ⁉　うちの部から営業企画なんかいけるわけないだろうが！　…ま、言うのは自由だけれどさ。頑張ってね。」

部下「……。」

笑い話のような問答ですが、実際このような虚しいやりとりしか交わされない「キャリア面談」が日々行われているのです。

なんとも無駄ですよね。（「可能性がない」ことをキッパリと知らしめてくれている点で、有意義なのかもしれませんが…。）

「キャリアデザイン」の特徴の一つ目は次の通りです。

■「キャリアデザイン」の特徴〈その1〉

外部要因（※）への依存度が高く、実現性が低いことがある（※組織の判断、恣意性、偶発性など）。

わたしたちは会社組織の一員である以上、「自分がやりたい」と思う仕事が与えられたり、「自分がいきたい」と思う部署に配属されるとは限りません。むしろ、希望が叶うことの方が稀と思ったほうがよいでしょう。厳しい言い方をすれば、希望だけを軸にしてキャリアを設計することはリスクが高いのです。

二つ目の特徴は次の通りです。

■「キャリアデザイン」の特徴〈その2〉

希望に沿わぬ環境にいる間、アイドリングしてしまう可能性がある。

たとえば、あなたが「いつか英語を駆使したグローバルな仕事をするぞ」という目標を持っていて、寝る暇も惜しんでがむしゃらに英語の勉強をしているとします。高い目標を持つこと、そしてそれに向かって努力することは素晴らしいことです。ところが、会社が次のような状況だったとしたらどうでしょう？

(1)国内ドメスティック企業で、日本語以外の言語を使う機会がまったくない。
(2)英語を使う仕事があるのは海外部門だけ。かつあなたの所属部門から海外部門に異動できる可能性はない。

「英語を駆使したグローバルな仕事」は得がたいものでしょう。

もちろん、いつ何時に備えて語学の勉強をしておくことはとても大切なことです。このようなご時世ですから、今勤務している会社がなくなってしまうかもしれないし、あるいはいつ外資系企業に買われて英語が必要な環境になるかもしれません。

ただ、英語の勉強を優先するあまり、日々の仕事がおざなりになって、パフィーマンスが発揮できていないとしたら考え物です。とても、もったいないことです。

「キャリアデザイン」にはそのような落とし穴があるのです。

これに対して、わたしが提案するのは「キャリアマネジメント」です。

さて、「キャリアデザイン」と「キャリアマネジメント」の違いはなんでしょう?

わたしは、「キャリアマネジメント」を次のように定義しています。

・「キャリアマネジメント」

自分の過去（＝事実）を軸に、現在の職務に対してパフォーマンスを発揮しながら未来のキャリアパスを設計すること。

「キャリアデザイン」が未来（＝希望）を軸にしているのに対し、「キャリアマネジメント」はあくまで過去（＝事実）に立脚します。ここでいう過去とは、他ならぬみなさんの「引き出し」「部品」、つまりはこれまでの経験・苦労・実績・スキルなどのことです。

「キャリアマネジメント」の特徴は次の二つです。

■「キャリアマネジメント」の特徴〈その1〉

内部要因（※）への依存度が高く、きわめて実現性が高い。（※自分の過去の経験・苦労・実績・スキルなど。）

■「キャリアマネジメント」の特徴〈その2〉

目の前のタスクに対して着実に成果を出しながら（アイドリングしない）、将来設計できる。

未来（＝希望）ベースではなく、自分の過去（＝事実）をベースに将来設計をするアプローチなので、実現可能性が高くなります。さらに、自分が過去に積み上げてきた経験・苦労・実績・スキルなどで、今すぐ使えるものはどんどん使っていこうという考え方なので、今現在のタスクに対してパ

■「キャリアデザイン」

自分のやりたい事（＝希望）を軸に、未来のキャリアパスを設計すること。

⇒　外部要因（※）への依存度が高く、実現性が低いことがある。
　　※組織の判断、恣意性、偶発性など。

⇒　希望に沿わぬ環境にいる間、アイドリングしてしまう可能性がある。

■「キャリアマネジメント」

自分の過去（＝事実）を軸に、現在の職務に対してパフォーマンスを発揮しながら未来のキャリアパスを設計すること。

⇒　内部要因（※）への依存度が高く、きわめて実現性が高い。
　　※自分の過去の経験・苦労・実績・スキルなど。

⇒　目の前のタスクに対して着実に成果を出しながら、将来設計できる。

「キャリアデザイン」ではなく「キャリアマネジメント」をしよう。

図0–3　「キャリアデザイン」と「キャリアマネジメント」

フォーマンスを発揮できます。

　将来使いたいものを整理しつつ、今使えるものは今どんどん使う。このようなアプローチをとることで、アイドリングすることなく将来設計ができるのです。なまじ、「キャリア面談」「キャリアデザイン研修」等の制度がある会社だと、「自分の夢や希望を会社が叶えてくれるだろう…」なんて幻想を抱きがちになってしまいますが、そうであってはいけないのです。

　まずは自分をよく見つめて、「キャリアマネジメント」の考え方で自分のキャリアを回していきましょう。

0-6

年齢とライフサイクル

序章の最後に、「無理してバリバリ働き続けようとするとどうなるか?」のリスクを知っておきましょう。

「草食系」だからこそ、年齢とライフステージにおいて働き方を変えていく必要があるのです。

0-1節の終わりで「今現在の『バリバリ働ける状態』を前提にして今後の生き方を考えることは大変危険です」と、お話しました。

ここでは、そのような前提がなぜ危険なのか? わたしたちはどういう前提で自身のキャリア設計をしていくべきなのか? について少し考えてみたいと思います。

・加齢とともに、仕事に費やせる時間は限られてくる

「加齢」って、人聞きの悪そうなコトバですが(加齢「臭」を連想しない!)、単に年齢を重ねるこ

とと、とらえてください。

ここでは二つのことをお話しします。

■ライフステージが進むにつれて、仕事以外に費やす時間が増える

■体力は年齢とともに衰える

まずは、「ライフステージが進むにつれて、仕事以外に費やす時間が増える」について。

年齢を重ねる、すなわちライフステージが進むと相応のイベントが発生します。「結婚」「出産」「育児」など。さらに、歳を重ねればそれだけ「病気」になるリスクも高くなるでしょう。

「結婚」「出産」について、参考までにある統計データを紹介します。

厚生労働省の「平成22年度「出生に関する統計」の概況　人口動態統計特殊報告」（5年おきに実施される調査）によると、

日本の平均初婚年齢　【男性】30・4歳【女性】28・6歳
日本の第一子出産平均年齢　【女性】29・7歳

とのことです。

「出産」の後には、当然「子育て」が発生します。20代後半から30代前半にかけて、わたしたちは「結婚」「出産」「子育て」というライフイベントと仕事とのバランスを考えなければなりません。

さらに年齢を重ねると、今度は「病気」も考慮しなければなりません。

えっ、「わたしは元気だから大丈夫！」ですって？　それはそれは大変失礼致しました。

しかし、病気は大丈夫でも事故にあって怪我をすることがあるかもしれませんよね？

また、あなた自身は健康に自信があっても、ご家族が病気になることもあり得るでしょう。家族もあなたとともに歳をとりますから、高齢になればそれだけ病気のリスクが高くなります。そのとき、「看病」「介護」というイベントが発生します。

このように、ライフステージが進むにつれて、仕事以外のライフイベントに費やす時間が増えます。

さらに、「体力は年齢とともに衰える」ことも考慮しなければいけません。

個人差はあるにせよ、一般的に歳を取れば体力が落ちてきます。これは自然の摂理です。20代のときは連日徹夜で仕事したり、オールナイトで飲み歩いたりしていた人でも、30代になってからは無理がきかなくなった…なんて話をよく聞きます。

これについてもデータがあります。

文部科学省の「平成21年度体力・運動能力調査結果の概要」。この報告書から、やはり体力や運動能力は年齢に比例して右肩下がりであることがわかります。

この二つのデータから、わたしたちがビジネス活動（仕事）に費やすことのできる時間は加齢とともに限られてくる、少なくなってくることがおわかりになるでしょう。

図にすると、**図0-4**のような感じです。

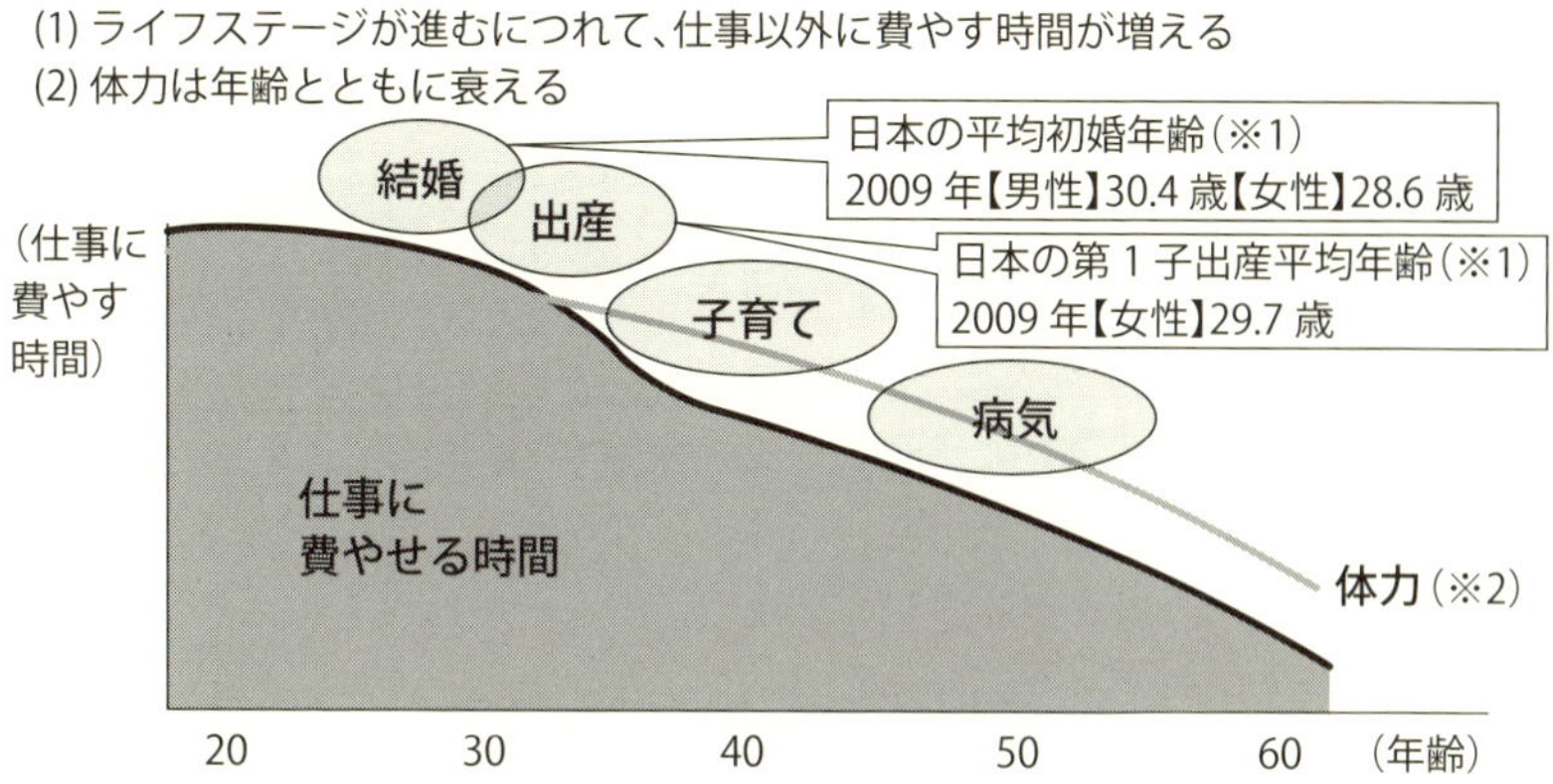
(1) ライフステージが進むにつれて、仕事以外に費やす時間が増える
(2) 体力は年齢とともに衰える
日本の平均初婚年齢（※1）
2009 年【男性】30.4 歳【女性】28.6 歳
日本の第 1 子出産平均年齢（※1）
2009 年【女性】29.7 歳
結婚
出産
子育て
病気
（仕事に費やす時間）
仕事に費やせる時間
体力（※2）
20
30
40
50
60
（年齢）

※1：厚生労働省：「平成 22 年度「出生に関する統計」の概況 人口動態統計特殊報告」
※2：文部科学省：「平成 21 年度体力・運動能力調査結果の概要」

図0–4　加齢と理想的な仕事時間

これを前提にしなければならない…はずなのです。ところが…、実際のところ、みなさんこんな感じで無理に仕事をしているのではないでしょうか？　⇒図0-5

30代の人も、40代の人も、50代の人も、ライフイベントを無視して「気合と根性」で毎日遅くまで残業し、ときに休日出勤までしている。年次や職位が上がれば上がるほど仕事が増え、超過勤務がますますひどくなる職場もあることでしょう。（あなたが管理職だったら、いわゆる「プレイングマネージャー」状態ですね。）

そもそも仕事量に対して絶対的に人が少なくて、にっちもさっちもいかない状況、ということもあるかもしれません。

あるいは、「私は仕事が好きですから」「キャリアアップしたいですから」と、自発的に頑張っている人もいらっしゃることでしょう。または、

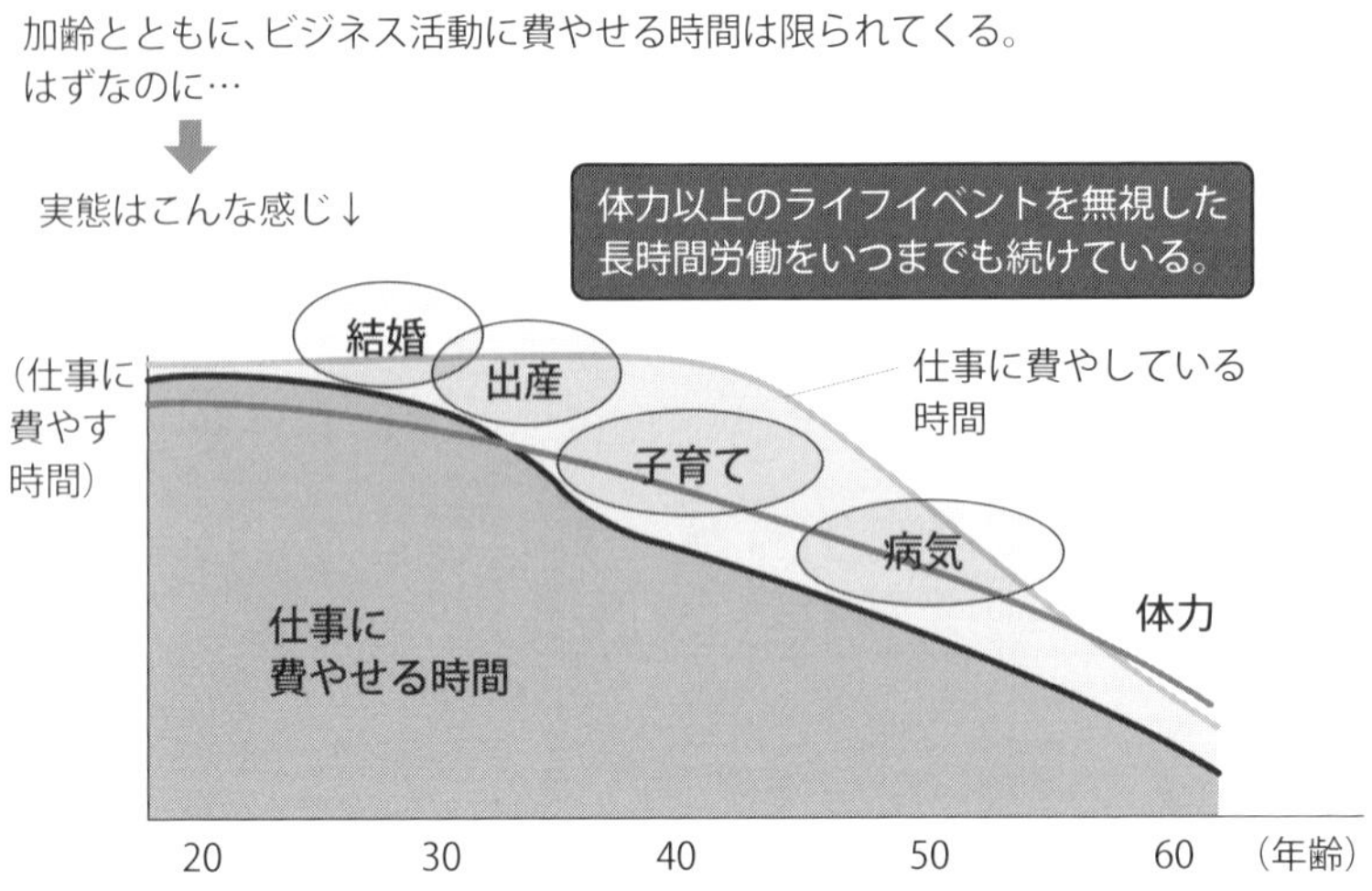
加齢とともに、ビジネス活動に費やせる時間は限られてくる。
はずなのに…
実態はこんな感じ↓
体力以上のライフイベントを無視した
長時間労働をいつまでも続けている。
結婚
出産
子育て
病気
（仕事に
費やす
時間）
仕事に費やしている
時間
体力
仕事に
費やせる時間
20
30
40
50
60
（年齢）

図0-5　加齢と実態としての長時間労働

「なんか定時で帰宅しづらい空気が職場にあって…」と嫌々毎日遅くまで働いている人もいるかもしれませんね。

様々な背景があるにせよ、

①ライフステージが進むにつれて、仕事以外に費やす時間が増える。

②体力は年齢とともに衰える。

この二つの前提を無視し続けることは危険です。この前提を無視して気合と根性で走り続けると、どのようなことが起こり得るのでしょうか？

・体力任せ（気合と根性）の働き方から早く脱しなければ大変なことが起きる

体力以上／ライフイベントを無視した長時間労働をいつまでも続けているとどうなるでしょう

か？

次のような問題が起こり得ます。

■身体・メンタルの不調

■ワークライフバランスの崩壊。家族からの不満

■「いつまでこんな生活が続くんだろう」という自分自身の不安と不満

いずれも想像に難くないでしょう。このうち、「メンタルの不調」について少しお話します。

「メンタルの不調」とは、ビジネスパーソンに当てはめれば、精神的な健康状態（メンタルヘルス）を保てなくなり、思うように生活や仕事ができない状態になることを言います。

メンタルの不調と一言で言っても、食欲不振、けだるさ、めまい等といった自律神経の失調状態から、うつ病まで症状や度合いは様々です。

「ツレがうつになりまして」という映画がオンエアーされ注目を浴びましたが、最近では業種、職種、会社を問わず、メンタル不調で休職することが珍しくなくなってきました。

みなさんは、メンタルを病んでしまった人って日本全国で何人くらいいると思いますか？

厚生労働省の「患者調査」によると、２０１１年の日本における精神疾患の患者数は３２０万人だそうです（宮城県の一部と福島県は調査対象外）。

体力以上／ライフイベントを無視した長時間労働をいつまでも続けていると…
以下のような問題が起こる。（今はよくても…）

(1)身体／メンタルの故障
(2)ワークライフバランスの崩壊家族からの不満
(3)「いつまでこんな生活が続くんだろう」という自分自身の不安と不満

日本の精神疾患の患者数（※３）
2011年　320万人　（比較：総労働人口　約6,400万人）

※3：厚生労働省：「患者調査」

「このままでは自分自身がつぶれてしまう！！」

↓

「がむしゃらに」体力任せで働くには、限界がある

体力任せ（気合と根性）の
働き方から脱しなければ
ならない。

図0-6　メンタルバランスの崩壊

この数値を見てどう思われますか？　多いと思いますか、少ないと思いますか？

私はこの数値を知ったとき、「え、こんなに少ないの!?（実際はもっと多いはずでしょ）」と、思いました。

日本の総労働人口は約６４００万人と言われていますから、総労働人口に対して占める割合は5パーセント。メンタルを患っている人は、20人に1人の計算になります。

実際、もっと多いのではないでしょうか（周りを見てみても）。

以前わたしが勤務先の社内で受けた研修では、5人に1人が（程度の差こそあれ）メンタルを病んでいる状態であろうという説明を受けました。

「患者調査」で報告されているの

は、医療機関に受診している（入院・外来を含む）患者数を推計した値です。医師にかかる手前の予備軍を含めると、およそ５人に１人の割合になるのでしょう。

自分のキャパシティーをオーバーした状態で仕事をし続けていると、いつか自分自身、すなわちあなた自身がつぶれてしまうことがあるのです。メンタル不調者が５人に１人という状況の昨今、それは決して他人ごとではありません。

気合だ、気合だ、気合だー！　で、体力任せでがむしゃらに働くには限界があるのです。そして、20代後半からは、徐々にそのような働き方から脱することを考えなければならないのです。

この本の読み方／アウトプット（第1章以降）

あなたのタイプに応じ、最低限「○」のついている章をとくに学習～実践してください。

章	やること	アウトプット	あなたのタイプ			
			[1] いまの環境（会社／部署）でやっていきたい人	[2] 転職／異動をしたい人	[3]（新卒で）就職したい人	[4] チームメンバーのパフォーマンスをあげたい人（管理職やリーダー）
第1章 第2章	「自分資産」の棚卸し	自分棚卸しシート［付録 1］	○	○	○	○
第3章	自分の可能性の発見	組み合わせスタディシート［付録 2］	○	○	○	○
第4章	自分のウリの絞り込み	自分メニュー［付録 3］		○		
本書の対象外	転職・異動・就職の書類作成	職務経歴書 履歴書		(○)	(○)	

この本はひとえに「草食系」といっても、シチュエーションやモチベーションが異なるさまざまなビジネスパーソンをターゲットにしています。

そこで、手っ取り早くご自身に必要なモノを得ていただけるよう、みなさんのタイプに合わせて1章以降で「最低限どの章を読んでいただきたいか？」「そしてそこからどんなアウトプットを得ていただくか？」を図にしました。

〈タイプ〉

［1］今の環境（会社／部署）でやっていきたい人

［2］転職／異動をしたい人

［3］（新卒で）就職したい人

［4］チームメンバーのパフォーマンスを上げたい人
（管理職やグループリーダー）

できれば全章をじっくり読んでいただきたいのですが、お急ぎの方は「○」のついている章だけを集中的に学習～実践して、必要なアウトプットを得てください。

第 **1** 章

働き方をシフトせよ!

～自分のスキルを貯金フェーズから
資産運用フェーズへ移行する～

1-1 ひたすら「貯金」する働き方から「資産」を「運用」する働き方にシフトしよう

序章で見てきたように、「がむしゃらに」体力任せで働くには限界があります。いつまでも気合と根性ベースの無茶な長時間労働を続けていると、あなたのプライベートライフのみならずビジネスライフをも破綻させかねません。

そうはいっても、年次や職位が上がれば当然のごとく仕事は増える一方。逃げられない負のスパイラル状態…。ではこの状態をブレークスルーするためにはどうすればよいでしょうか？

選択肢は次の三つでしょう（その仕事を「放棄する」「辞める」を除く）。

①仕事を減らす
②人を増やす
③効率よく仕事をこなす

ここでは③、すなわち「効率よく仕事をこなす」アプローチを考えていきたいと思います。（なぜなら、①②はわたしたち個人の意思だけではなんともならないことが多いからです。）

「効率よく仕事をこなす」ことは、自分という限られたリソース（時間）を効率よく仕事に配分することです。「そんなことはわかっているよ！」とお叱りを受けてしまいそうですね。

ではどうやるか？ 例えば…

■**業務改善のスキルを身につけ、業務の無駄を徹底的に省いて短時間で仕事を回す**
■**エクセルマクロなどの研修を受け、業務をなるべく自動化（システム化）する**
■**タイピング研修を受け、日々の雑多な業務をスピードアップする**
■**コミュニケーション術を学び、面倒な仕事はなるべく他人に押しつけるようにする**

このようなプロセスイノベーションアプローチ、テクニカルアプローチ、自己研鑽的アプローチもありだと思います。でも、わたしはもっと手っ取り早い方法を提案します。

あなた自身の過去に着目するのです。

20代後半ともなれば、誰しもビジネス経験を通じて蓄積された実績・知識・ノウハウや身についたスキルなどが相当あるはずです。30代、40代であればなおのこと。

これらをどんどん発見（発掘）して活用するのです。

■**あのときやった、あのやり方**
■**あのときつくった、あのプロセス**
■**あのとき考えた、あのアプローチ**
■**あのとき適用した、あの考え方**

こういうあなた自身の中に眠っている資産を、今現在の仕事を効率よく回すために再利用するのです。これを、お金のような資産運用に譬えると、次のようになります。

スキル資産の効率的な運用

スキル資産を「資産運用（投資↓回収↓投資）」に譬えると…

① がむしゃらに働いて得た、経験・実績・苦労・知識・能力など
↓
「**貯金**」

② ①の結果得られた、経験・実績・苦労・知識・能力など
↓
「**資産**（**自分資産**）」

③ ②を新しい仕事に適用・応用すること

↓

「**投資**」

④ 新しい仕事を通じて得た、経験・実績・苦労・知識・能力など

↓

「**利益**」

⑤ ②＋④

↓

「**総資産**」

20代後半までで、「貯金」は十分に貯まってきたはずです。これからは、その「貯金」を「資産（自分資産）」としてとらえ、それをどう運用（投資～回収）するかを考えましょう。
図にすると、こんな感じになります（**図1-1**）。

つまり、自分の過去、すなわち「自分資産」を活かして、いかにラクをするかを考えよう、ということです。

この考え方は「目先のラク」を追求するためのものだけではありません。「自分資産」は、あなたの新たなチャレンジをも助けます。

新しい仕事に挑む、異動する、転職する…このようなチャレンジをするときにも、十分に活用することができるのです。

■「貯金」「自分資産」＝自分の過去の経験・実績・苦労・知識・能力など
■「投資」＝「自分資産」を新しい仕事へ適用・応用すること
■「投資対象」＝新しい仕事
■「回収」＝新しい仕事から経験・実績・苦労・知識・能力などを得ること
■「利益」＝新しい仕事から得た経験・実績・苦労・知識・能力など

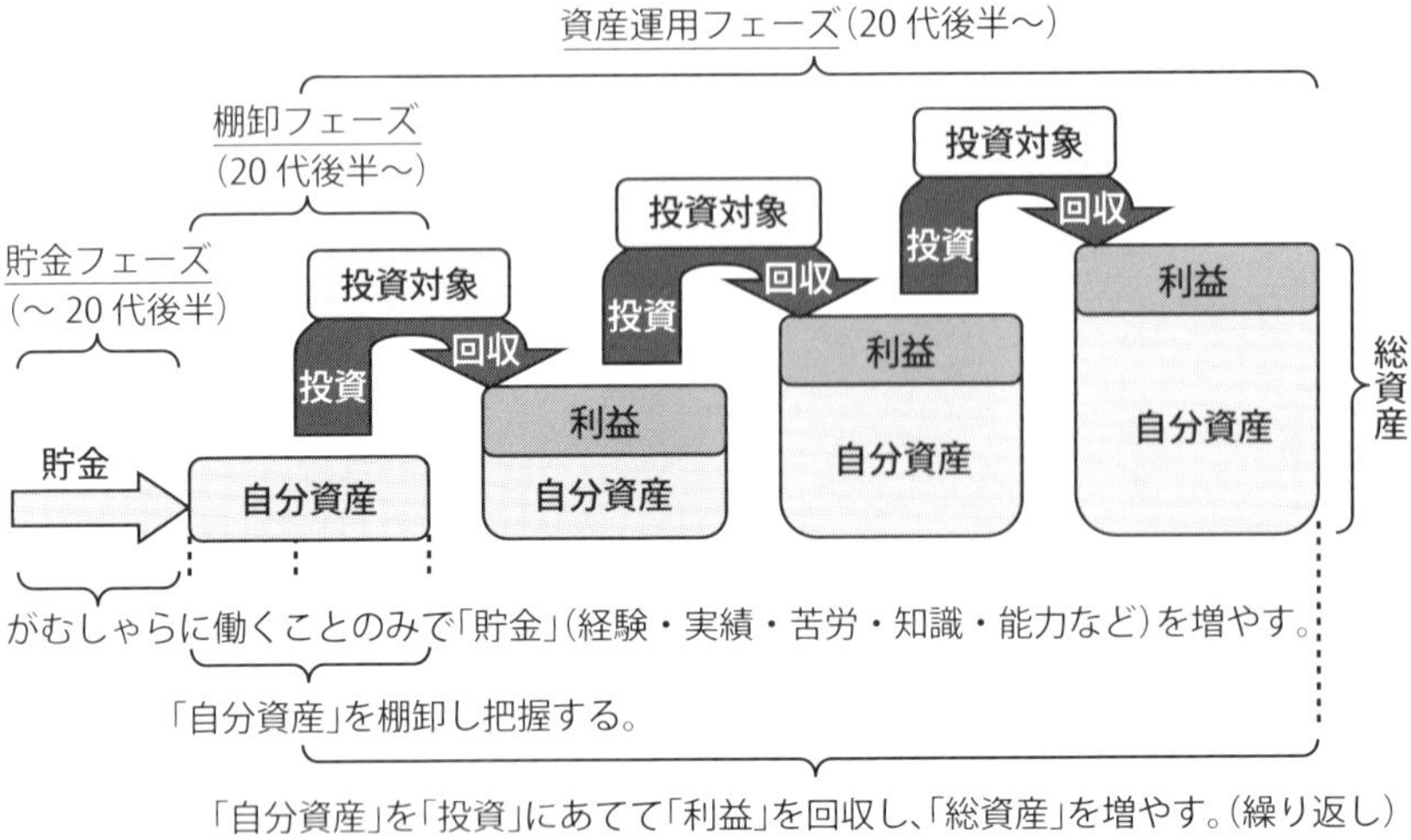

資産運用フェーズ（20代後半～）
棚卸フェーズ
（20代後半～）
貯金フェーズ
（～20代後半）
投資対象
投資
回収
利益
自分資産
貯金
総資産
がむしゃらに働くことのみで「貯金」（経験・実績・苦労・知識・能力など）を増やす。
「自分資産」を棚卸し把握する。
「自分資産」を「投資」にあてて「利益」を回収し、「総資産」を増やす。（繰り返し）

図1-1　ひたすら「貯金」する働き方から、「資産」を「運用」する働き方にシフトしよう。

「目の前のタスクに対して着実に成果を出しながら、将来のキャリア設計をする。」

これこそが草食系のわたしたちのキャリアマネジメントです。

まずは、とにもかくにも「自分という資産」を棚卸ししてみましょう。（スキル棚卸しのやり方については、第3章で詳しく説明します。）

「がむしゃらに」体力任せで働くには、限界がある。

⬇

自分のリソース（時間）を効率よく仕事に配分することを考えなければならない。

⬇

自分の過去の実績（経験・苦労）や能力を活かして、「いかにラクをするか」を考えよう。

■「資産運用（投資→回収→投資）」に譬える：

①がむしゃらに働いて、経験・実績・苦労・知識・能力などを蓄えること ⇒ **「貯金」**

②①の結果得られた、経験・実績・苦労・知識・能力など ⇒ **「資産（自分資産）」**

③②を新しい仕事に適用・応用すること ⇒ **「投資」**

④新しい仕事を通じて得た、経験・実績・苦労・知識・能力など ⇒ **「利益」**

⑤②＋④ ⇒ **「総資産」**

「貯金（資産）」は十分に貯まってきたはずだ。これからは、その資産をどう運用（投資～回収）していくかを考えよう。

⇒ まずは「自分という資産」の棚卸しをすることが重要！

図1-2 自分「資産」と「運用」のまとめ

1-2 自分資産運用型のキャリアマネジメントモデル

1-1で述べた、「自分資産」の投資回収について、次のステップで解説していきます。

［1］「自分資産」を棚卸しする ↓ 第2章
［2］「投資」の準備をする ↓ 第3章（3-1）
［3］「投資」をする ↓ 第3章（3-2）
［4］「回収」をする ↓ 第3章（3-3）
［5］チーム全体のパフォーマンスを向上させる／価値を高める ↓ 第3章（3-4）

［1］「自分資産」を棚卸しする

①自分の「引き出し」を整理する
②自分を「部品化」する

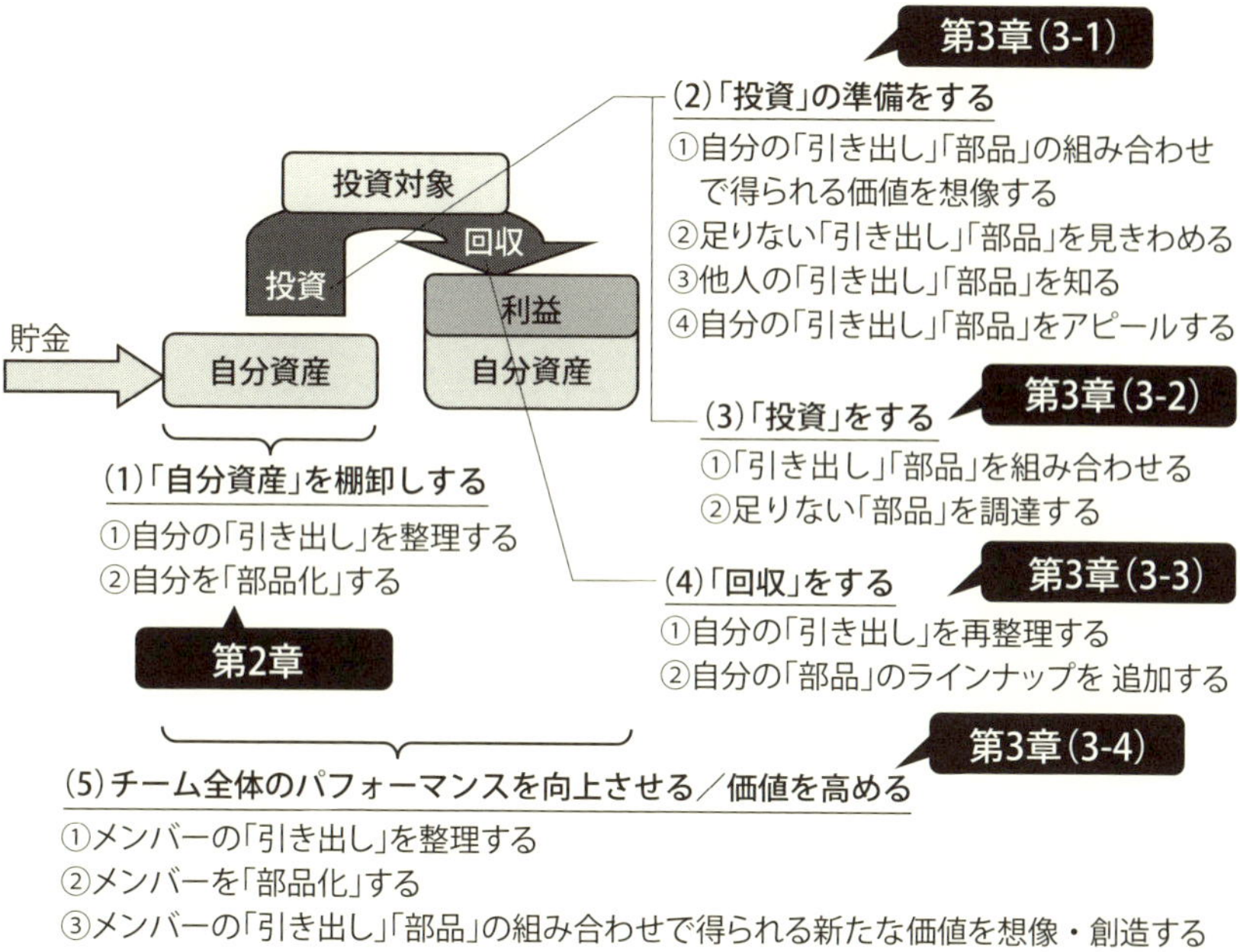
第3章(3-1)
(2)「投資」の準備をする
①自分の「引き出し」「部品」の組み合わせで得られる価値を想像する
②足りない「引き出し」「部品」を見きわめる
③他人の「引き出し」「部品」を知る
④自分の「引き出し」「部品」をアピールする
投資対象
投資
回収
利益
自分資産
貯金
自分資産
第3章(3-2)
(3)「投資」をする
①「引き出し」「部品」を組み合わせる
②足りない「部品」を調達する
(1)「自分資産」を棚卸しする
①自分の「引き出し」を整理する
②自分を「部品化」する
第2章
第3章(3-3)
(4)「回収」をする
①自分の「引き出し」を再整理する
②自分の「部品」のラインナップを 追加する
第3章(3-4)
(5)チーム全体のパフォーマンスを向上させる／価値を高める
①メンバーの「引き出し」を整理する
②メンバーを「部品化」する
③メンバーの「引き出し」「部品」の組み合わせで得られる新たな価値を想像・創造する

図1-3　自己資産の投資回収モデル

まず、「自分資産」、すなわち、あなた自身を「引き出し」「部品」の形で洗い出します。「引き出し」「部品」は、あなたがどこで、何をして、何を身につけてきたか？ そしてどんなことができるか？ すなわち、ビジネスパーソン一人ひとりの経験・実績・苦労・失敗・身に着けた知識やノウハウや能力などです。

ここで洗い出した「引き出し」「部品」が、あなたのキャリアマネジメント活動の肝になります。しっかりと棚卸ししましょう。（詳しくは、第2章で解説します。）

［2］「投資」の準備をする

①自分の「引き出し」「部品」の組み合わせで得られる価値を想像する

②足りない「引き出し」「部品」を見極める
③他人の「引き出し」「部品」を知る
④自分の「引き出し」「部品」をアピールする

「投資」とは、新しい仕事にチャレンジすることです。その前に、「投資」をするための準備をしましょう。

「自分資産」（＝「引き出し」「部品」）をただ棚卸ししただけではダメです。自分の「引き出し」「部品」を組み合わせたらどのような力（価値）を発揮することができるのか。それをイマジネーションしましょう。

さらには、新しい仕事にチャレンジする上で、あなたに足りていない「引き出し」「部品」は何か？　それを明確にし、足りない「引き出し」「部品」をどう補うか？　その調達方法を考えておく必要があります。

そして、ただイマジネーションしただけでもやはりダメです。

あなたがどんな「引き出し」「部品」を持っているのか？　あなたが持っている「引き出し」「部品」を組み合わせたらどんな新しいことができるのか？

このようなことを周りにアピール（情報発信）することを考えましょう。それが新たなチャンスをあなたに呼び寄せるのです。（詳しくは、3-1節で解説します。）

［3］「投資」をする

①「引き出し」「部品」を組み合わせる
②足りない「部品」を調達する

いよいよ新しい仕事をこなすフェーズです。棚卸した「引き出し」「部品」を実際に使って、パフォーマンスをどんどん発揮しましょう。

新しい仕事をする上で、足りない「引き出し」「部品」はこのフェーズで実際に調達します。

［4］「回収」をする。

①自分の「引き出し」を再整理する
②自分の「部品」のラインナップを追加する

投資しっぱなしではダメです。

新しい仕事を通じて得た（増えた）「引き出し」「部品」を確認し、棚卸しを行い、あなたの総資産を整理しましょう。

［5］チーム全体のパフォーマンスを向上させる／価値を高める

①メンバーの「引き出し」を整理する

②メンバーを「部品化」する
③メンバーの「引き出し」「部品」の組み合わせで得られる新たな価値を想像・創造する

このフェーズは、主に管理者やチームリーダーの方が対象です。

組織を束ねる管理者やチームリーダーの方は、自分自身のみならずチームメンバー全体の「資産」（＝「引き出し」「部品」）を把握し、チームメンバー同士の組み合わせによる新たな価値創造を考えて、それを促進していきましょう。

コラム

わたしがなぜ「キャリアマネジメント」について考え、世の中に発信するようになったのか、少しお話させてください。

それには二つの大きな理由があります。

一つ目は、わたし自身が転職と異動を通じて、自分では取るに足らないと思っていた過去の経験が、いく先々で歓迎され、重宝がられた体験をしたからです。

「ん、これってもったいないよな。ビジネスパーソンは、埋没している／忘れてしまっている自分の過去を、もっと発掘して活用（運用）すべきではないか…」

こんな風に思ったことがきっかけです。

二つ目の理由は…疲れてしまったのです。

30代前半の時でした。情報システム企業で、とある大プロジェクトのリーダーを任されました。仕事自体は大変取り組み甲斐があり、忙しいながらも日々楽しく仕事をしていました。残業（夜明かしもしばしば）や休日出勤も続く過酷な日々が半年以上続きましたが、それ以上にやりがいのある仕事であったため、不思議と苦しいと思ったことはありませんでした。いわゆる、「気合いと根性」で突っ走ってしまっていたのです。

ところが、そんな生活をいつまでも続けられる訳がありません。だんだんと無茶な頑張りが利かなくなってきました。気がつけばチームメンバーも疲弊してきていました。

さらには、わたしを日々支えてくれている妻にも疲れが見え始めている…。

「これはまずい!」

そんな状況をよそに、新しい仕事も徐々にわたしのもとに舞い込んできます。

「これは、いよいよなんとかせねば！」

そこで考えました。

なんとか、ラクをして仕事（タスク）をこなすことができないだろうか？

そのためには、まず立ち止まって自分（経験・実績・能力など）を棚卸ししてみよう。そして、過去にやってきたことで使えそうなものを、どんどんと流用することを考えよう！

…かくして、わたしの「キャリアマネジメント」の取り組みが始まったのです。

「いままで気力と体力任せでがむしゃらにやってきて疲れた。」

↓

「気がつけば、チームメンバーも疲弊してきた。」

↓

「このままではいけない！」

↓

「さらに、新しい仕事も徐々に舞い込んでくる…」

↓

「なんとか、ラクをして仕事（任務）をこなすことができないだろうか。」

↓

「そのためには、まず立ち止まって自分（の経験・実績・能力など）を棚卸ししてみよう！」

立ち止まって、冷静に自分を棚卸ししてみよう。

（ちなみに・・・）沢渡はなぜこんなことを考えるように、なったのか？

第 2 章

自分の「資産」を整理せよ！

～自分を「引き出し」「部品化」する～

【この章で学習すること】

「草食系」社員であるあなたの中に眠っている「自分資産」（＝経験・実績・苦労・ノウハウなど）を棚卸しするやり方とメリットを学習します。また、「自分棚卸しシート」［付録1］を使って、実際にあなたの「自分資産」（＝「引き出し」「部品」）を棚卸しします。

「肉食系」は
⇓ガツガツと走りながらつき進む。
「草食系」は
⇓立ち止まって自分の「引き出し」「部品」を棚卸ししよう！

2-1

自分の「資産」を棚卸しする

いよいよ「自分資産」＝すなわちあなた自身の棚卸しをします。

棚卸しがしやすいよう、この本では専用の「自分棚卸しシート」を用意しました。記入例を紹介し

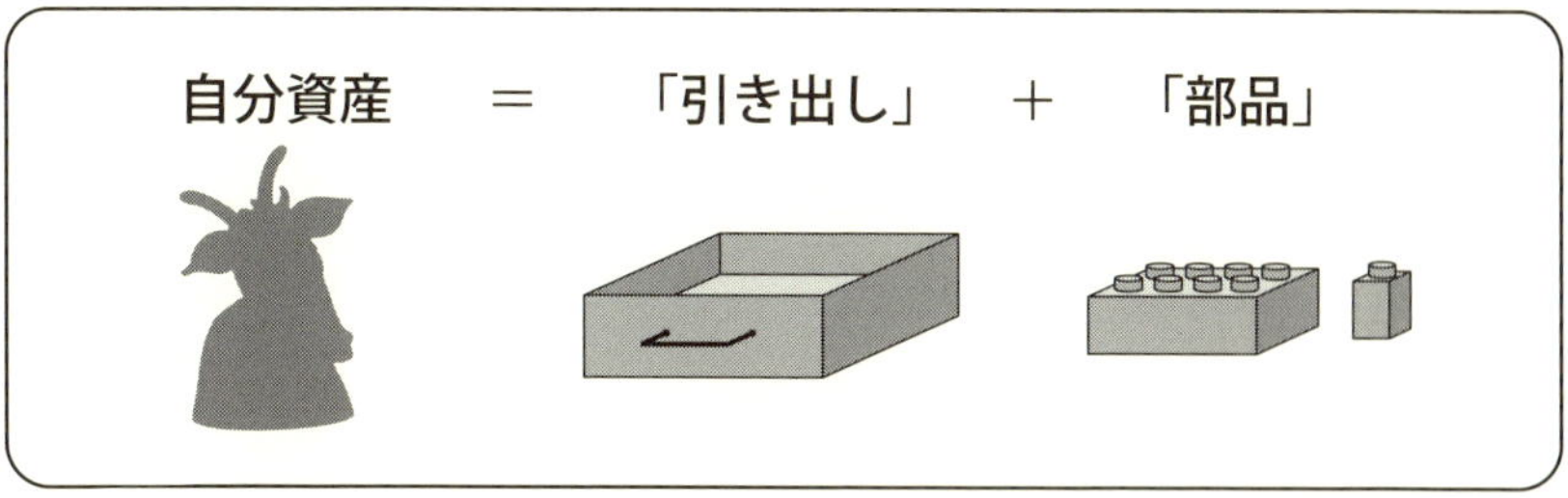

ながら棚卸しのやり方を説明します。是非お手元にシートのコピーを置いて、鉛筆片手に実際に棚卸しを進めてみましょう。（ブランクフォームは巻末［付録1］にあります。）

「自分資産」は「引き出し」「部品」の二つの要素からなります。

■自分資産とは？

「自分資産」＝「引き出し」＋「部品」

〈「引き出し」「部品」とは、ビジネスパーソン一人ひとりの過去の経験・実績・苦労・失敗・身に着けた知識やノウハウや能力などです。〉

本章では、次の手順であなた自身を「引き出し」「部品」にバラします。

［1］自分の「引き出し」を整理する
［2］「引き出し」を分類する
［3］自分を「部品化」する
［4］自分の「引き出し」を整理する／自分を「部品化」するときのポイント
［5］自分の「引き出し」を整理する／自分を「部品化」するメリット

肩の力を抜いて、「ああ昔こんなことやったな」「こんなツライ思いをしたっけ…」なんて気持ちで、昔を懐かしみ、思い出しながら棚卸しをしていただければと思います。

ここで、一人の「草食系」モデルに登場してもらいます。

彼女の名前は、草食 のどか（そうしょくのどか）。国内自動車会社に勤務する、入社7年目の女性社員です。

文字通り、のんびり屋さんの女性で自己主張も控えめ。情熱派ではなく、言われた仕事をこなすタイプです。

第2章、第3章では、この「草食 のどか」さんを例にあなたの「自分資産」を棚卸ししましょう。

「草食 のどか」さんのプロフィール

株式会社P自動車に勤務。私立大学の文学部を卒業し、新卒で入社。現在7年目。

総務人事部で3年間、その後社内異動をして国内営業部で4年間。今に至る。

職歴は次の通り。

■総務人事部（入社後3年間）

・1年目～2年目：人事管理チームに配属。
新しい勤務管理システム（＝従業員の出社退社時間や休暇取得状況などを記録管理するシステム）の社内への導入と定着促進の仕事に従事。

「主に、新しいシステムの利用者（全従業員）向けの操作マニュアルの作成と、操作説明会などの利用サポートを行いました。システムが苦手な利用者も多く、操作方法を人にわかりやすく説明する能力が身についたかもしれません。講堂を貸し切って、社内20部門向けの導入教育の企画と運営もやりましたね。またシステムのプロジェクトに参画したことで、システム開発のプロセスを理解することができました。」（のどか）

・3年目：企画チームに異動。
「働き方改革プロジェクト」に参画。サブリーダーとして在宅勤務制度の社内への定着を促進する仕事をする。

「在宅勤務制度に否定的な部門も多く、その部門の責任者を説得するのに苦労しました。

他社（国内や海外の企業）の在宅勤務制度の事例を調べて、メリットとデメリットを整理して説明するよう心がけました。何度も足を運んで説明し、ようやく受け入れてくれたときはうれしかった！　この仕事を通じて、対人折衝力や粘り強さが身についたカモ！」

「それと、サブリーダーとしてプロジェクトのスケジュールを管理する仕事も任されていました。プロジェクト管理のチカラがついた！」（のどか）

■国内営業部（入社４年目～７年目（現在））

・４年目～５年目：販売管理チームに配属。

国内販売会社（子会社）各社の新車販売台数情報の管理業務を行う。

「毎月、全国の50の販売会社の担当者から新車の販売台数のエクセルデータを送ってもらっていました。会社によって期日にデータを提出してくれなかったり、数字が間違っていたり、フォローが大変でした。ここでも粘り強さが身につきましたね。人事部のときに身につけたプロジェクト管理能力も発揮できました。少しは数字管理のセンスも身についたかな。あと、毎月のデータ集計作業をラクにしたくて、エクセルマクロの作り方を先輩に教えてもらい、作業の一部を自動化したんですよ！」

「人事部でも国内営業部でもシステムに関わっていたので、ITパスポートの資格を取りました。上司が『なにか資格取れ』ってうるさかったし、会社がお金だしてくれたしネ♪」

（のどか）

・6年目～7年目：営業支援チームに異動。

販促品を国内販売会社（子会社）各社に提供し、活用を後押しする業務に従事。

「宣伝部が提供する販売促進のグッズ（ぬいぐるみとか、カレンダーとか、ミニカーとか）の活用方法を、国内の販売会社の担当者や部課長さんに説明して使ってもらうお仕事をしています。基本、わたし一人で説明することが多いので、プレゼンテーションをする度胸と能力は身につきましたね。みなさん『他の販社はどうやっているの？』と気にされるので、他の販売会社のユニークな活用事例を紹介してあげると、とても喜ばれます。なので、なるべく多くの販売会社を訪問して事例を仕入れるようにしています。わたしは20社も担当しているので大変だけれど、20社の担当者や部課長さんとつながりができたのもよかったナ！」

（のどか）


「しばらくは今の営業支援チームにいることになりそうですけれど、周りのウワサによるとどうやらそろそろ新しい仕事が舞い込んできそうな感じで……ちょっとドキドキです！」

（のどか）

【1】自分の「引き出し」を整理する

「引き出し」とは何か？　まずはそれを説明します。

■「引き出し」とは

・あなたが経験した業務分野や領域
・あなたが取得した資格　など

もう少しわかりやすく説明すると、あなたが

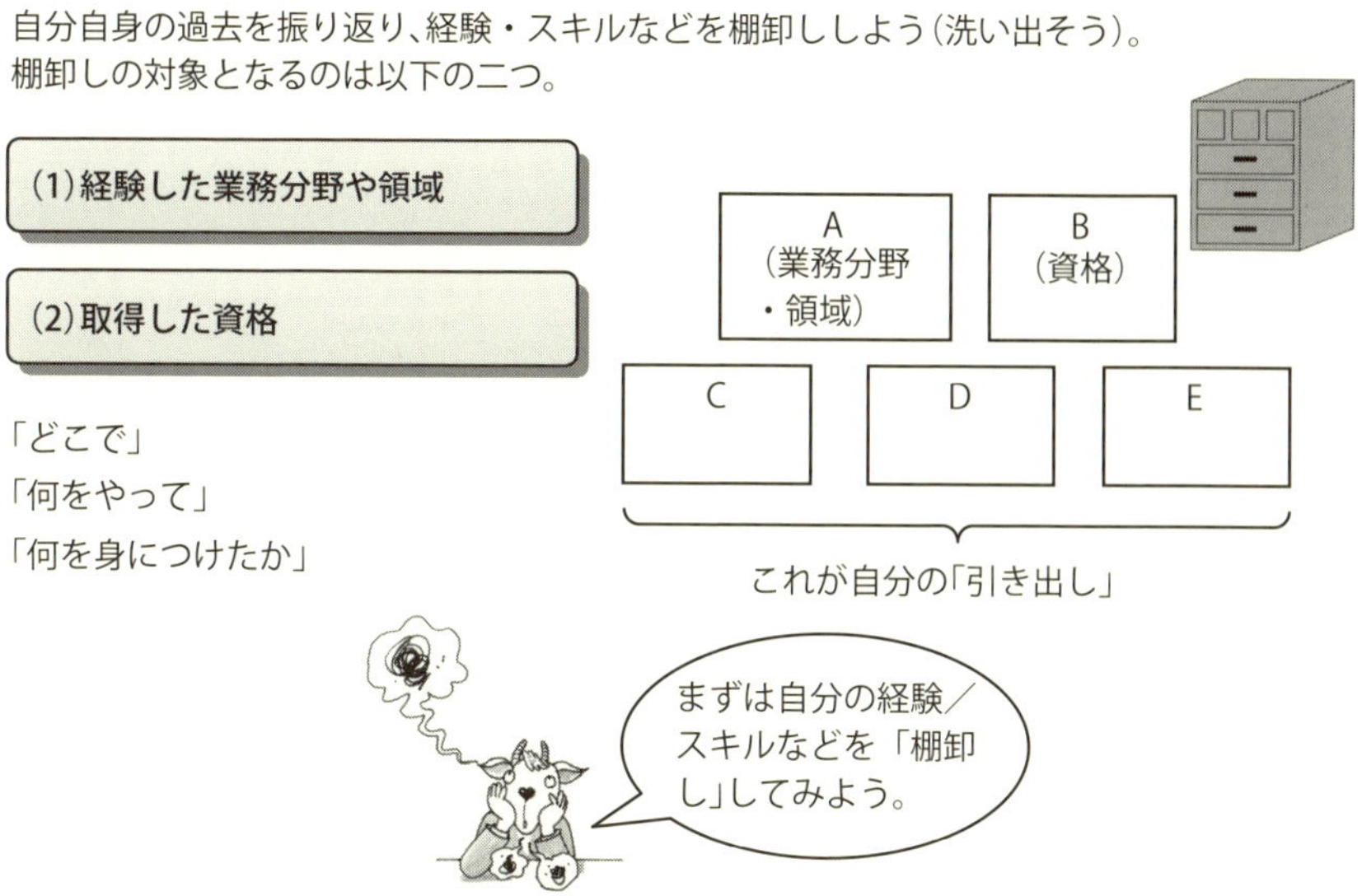
自分自身の過去を振り返り、経験・スキルなどを棚卸ししよう（洗い出そう）。
棚卸しの対象となるのは以下の二つ。
(1)経験した業務分野や領域
(2)取得した資格
「どこで」
「何をやって」
「何を身につけたか」
A（業務分野・領域）
B（資格）
C
D
E
これが自分の「引き出し」
まずは自分の経験／スキルなどを「棚卸し」してみよう。

図2-1　自分の「引き出し」を整理する

①「どこで」
②「何をやって」
③「何を身につけたか」
があなたの「引き出し」です。

よく「あの人は引き出しが多い」と言うことがありますが、その意味に近いかもしれないですね。「引き出し」の具体例を紹介しましょう。

■自動車会社の国内営業部門で、新車の販売計画の管理を行った。

■住宅建材専門商社の輸出入管理部門で、資材の輸出入の各種手続きを行い、通関士の資格を取得した。

■樹脂メーカーの人事部門で、働き方改革プロジェクトのメンバーにアサインされ、社内5部門に在宅勤務を導入し普及させた。

こんな感じで、一つひとつ箇条書き（リスト）にしていくとよいでしょう。

…と、これだけでは単なる履歴書を書く作業となんら変わりがありません。この本は履歴書の書き方を解説するための本ではありません。どうぞ、ここで本を閉じてしまわずに読み進めてください。ここからが「キャリアマネジメント」活動です。

いまあなたの手元には、箇条書きになった「引き出し」のリストがあります。次にその「引き出し」を分類していただきます。

［2］「引き出し」を分類する

「引き出し」を洗い出したら、次にそれを分類する作業をします。

リストアップした「引き出し」一つひとつを、次のいずれかに分類してください。

①専門的（Special）
②汎用的（General）

①専門的（Special）に分類されるもの
あなたの「引き出し」のうち、特定の分野（業務領域や部署）におけるものです。資格で言えば、高度な技術を要求される特殊スキルや資格、あるいは社内でのみ通用する社内資格などです。

②汎用的（General）に分類されるもの

あなたの「引き出し」のうち、特定の分野（業務領域や部署）に依存しないどこでも必要とされるものを言います。いわゆるヒューマンスキル（マネジメント、コミュニケーション、語学など）もこれに該当します。

いまいち、ピンとこないかもしれないですね…。

実際、わたしが開催しているキャリアマネジメント研修でも、受講者の方から「どちらに分類したらよいかわからない」と質問を受けることがあります。

はっきり申し上げます。絶対的な答えはありません。

例えば、「薬剤師」という資格。

きわめて専門的な知識やスキルが要求され、難易度も高い専門的（Special）な資格であると考えられますが、薬剤師の資格は、薬局は言わずもがな、製薬会社でも通用しますし、日本全国どこでも通用します。その意味で汎用的（General）であるとも言えるのです。ものの見方、考え方、あるいは時代背景などによって、あなたの「引き出し」は専門的（Special）にも汎用的（General）にもなり得ます。

よって、感覚的に分類していただいてかまいません。

これは特殊だろう？　と思ったら、専門的（Special）に分類し、これは幅広く使えそうだなと思ったら汎用的（General）に分類する…そんな感じでよいと思います。あまり悩みすぎないで下さい。

具体例な分類の例を紹介します。

棚卸しした結果を、「専門的（Special）」と「汎用的（General）」（＝「引き出し」）に分類し、さらに「土台」（＝勤務先や所属部門など）を明記しよう。

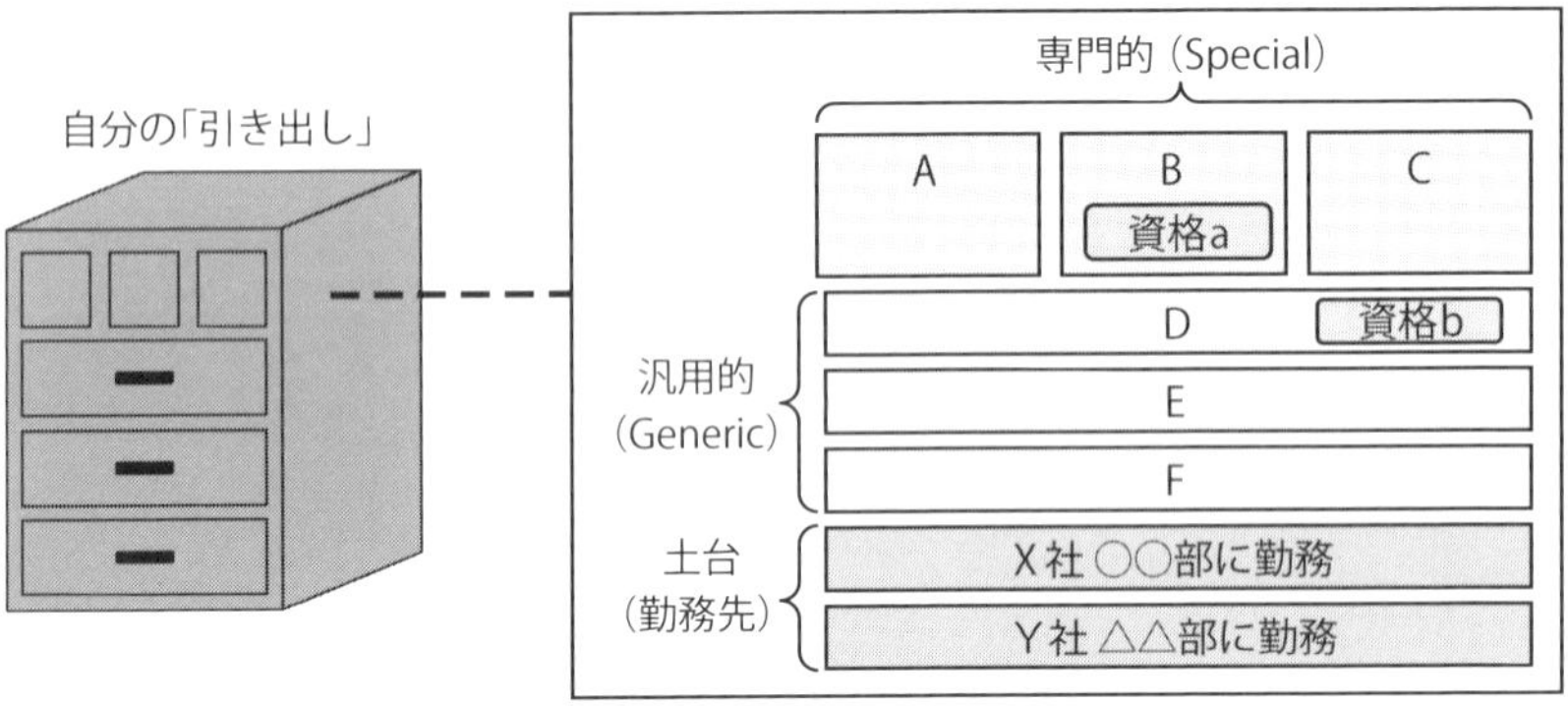
自分の「引き出し」
専門的（Special）
A
B
C
資格a
D
資格b
E
F
汎用的（Generic）
土台（勤務先）
X社 ○○部に勤務
Y社 △△部に勤務

■専門的（Special）に分類されるもの

・特定の分野（業務領域や部署）におけるもの
・特殊スキルや資格

■汎用的（General）に分類されるもの

・特定の分野に依存しない、どこにでも必要とされるもの
・いわゆるヒューマンスキル（マネジメント、コミュニケーション、語学など）

図2-2 「引き出し」リストに「土台」リストを加える

■自動車会社の国内営業部門で、新車の販売計画の管理を行った。［専門的（Special）］

■住宅建材専門商社の輸出入管理部門で、資材の輸出入の各種手続き業務を行い、通関士の資格を取得した。［専門的（Special）］

■樹脂メーカーの人事部門で、働き方改革プロジェクトのメンバーにアサインされ、社内5部門に在宅勤務を導入し普及させた。［汎用的（General）］

いまあなたの手元には、専門的（Special）と汎用的（General）に分類された「引き出し」のリストがあります。

このリストに加えて、「土台」をリストアップしてください（**図2-2**）。

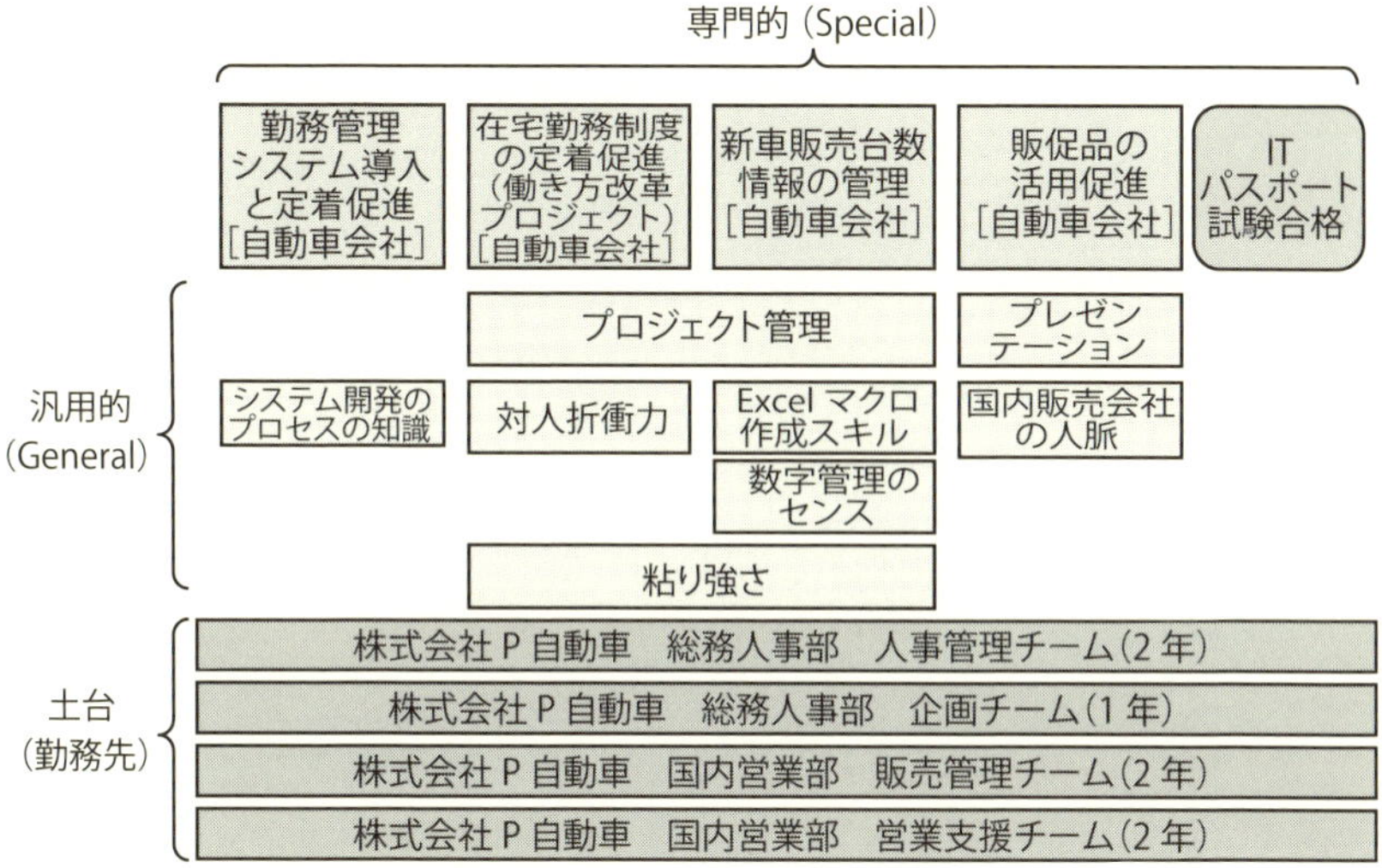
専門的（Special）
勤務管理システム導入と定着促進［自動車会社］
在宅勤務制度の定着促進（働き方改革プロジェクト）［自動車会社］
新車販売台数情報の管理［自動車会社］
販促品の活用促進［自動車会社］
ITパスポート試験合格
汎用的（General）
プロジェクト管理
プレゼンテーション
システム開発のプロセスの知識
対人折衝力
Excel マクロ作成スキル
国内販売会社の人脈
数字管理のセンス
粘り強さ
土台（勤務先）
株式会社 P 自動車　総務人事部　人事管理チーム（2 年）
株式会社 P 自動車　総務人事部　企画チーム（1 年）
株式会社 P 自動車　国内営業部　販売管理チーム（2 年）
株式会社 P 自動車　国内営業部　営業支援チーム（2 年）

図2-3　「草食 のどか」を棚卸しした結果（例）

■「土台」とは

あなたのこれまでの勤務先（会社名）や所属部門と年数を示す情報です。履歴書でいえば、現在および過去の勤務先の欄に書く内容です。社会人年数が浅い方（に限らずですが）は、学校の情報をリストしてみてもよいでしょう。

土台をリストアップする意味は、「引き出し」がどのような場で発生したものかを明記するためです。同じ「引き出し」でも、数十人規模の会社におけるものと、千人規模の会社におけるものとでは、性格が違いますし、製造業なのか金融業なのかでも、また意味が違ってきます。よって、「どこで」をより明確にしておく必要があるのです。

土台の具体例です。

■XX自動車株式会社　国内営業部　販売管理チーム　5年間

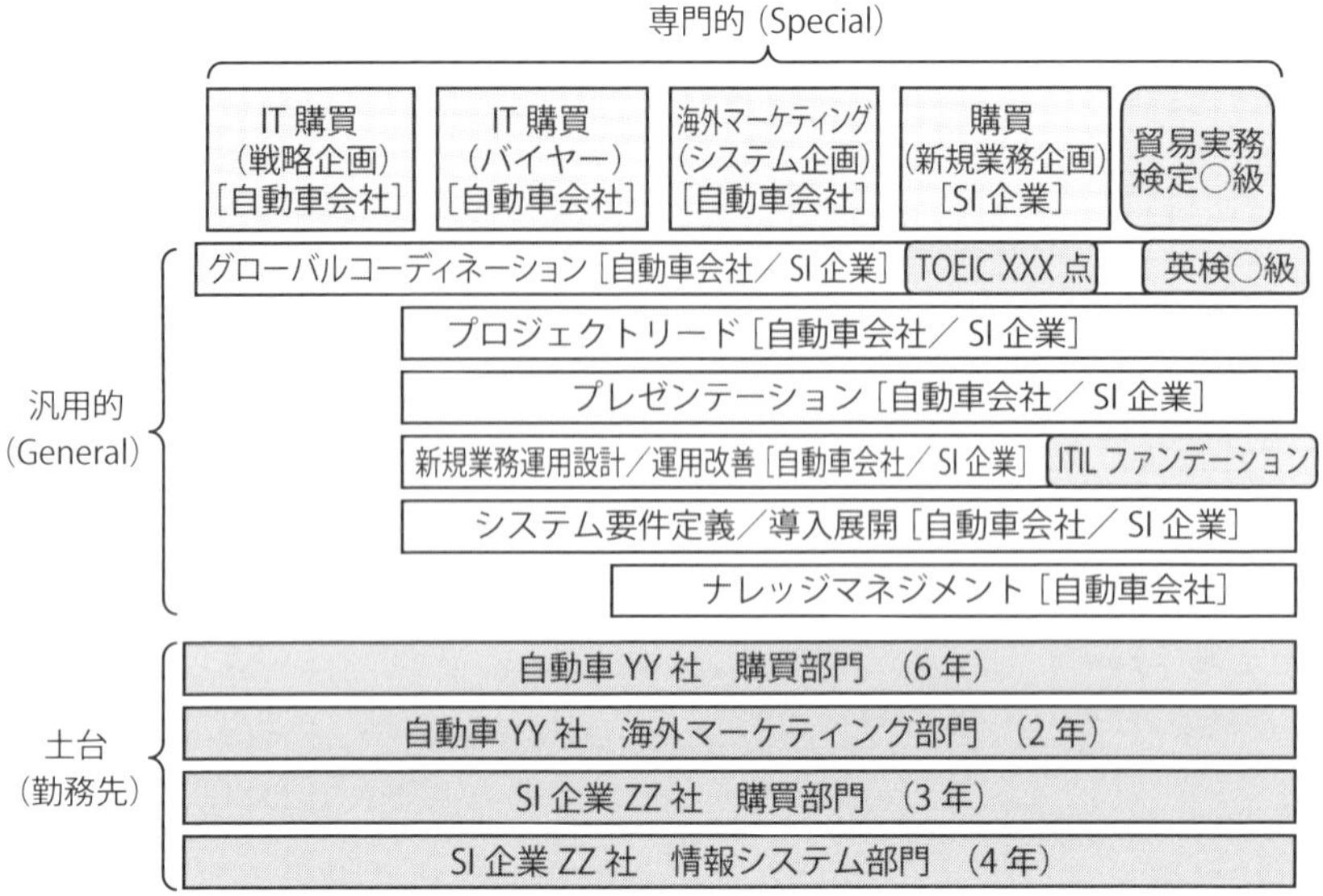

専門的（Special）
IT 購買（戦略企画）［自動車会社］
IT 購買（バイヤー）［自動車会社］
海外マーケティング（システム企画）［自動車会社］
購買（新規業務企画）［SI 企業］
貿易実務検定○級
グローバルコーディネーション［自動車会社／SI 企業］
TOEIC XXX 点
英検○級
プロジェクトリード［自動車会社／SI 企業］
プレゼンテーション［自動車会社／SI 企業］
新規業務運用設計／運用改善［自動車会社／SI 企業］
ITIL ファンデーション
システム要件定義／導入展開［自動車会社／SI 企業］
ナレッジマネジメント［自動車会社］
汎用的（General）
自動車 YY 社　購買部門　（6 年）
自動車 YY 社　海外マーケティング部門　（2 年）
SI 企業 ZZ 社　購買部門　（3 年）
SI 企業 ZZ 社　情報システム部門　（4 年）
土台（勤務先）

図2-4　【参考】沢渡を棚卸しした結果（例）

■YY商事株式会社　トレーディング部　管理担当　3年間

■株式会社ZZマテリアル　人事部　企画チーム　6年間

これで、あなたの手元には、専門的（Special）と汎用的（General）に分類された「引き出し」リストに加えて、土台のリストができあがりました。

草食のどかさんを棚卸しした結果はこうです（**図2-3**）。

ちなみに、わたし（沢渡あまね）を棚卸しするとこんな感じです（経歴の一部を紹介）（**図2-4**）。

これを「自分棚卸しシート」に表現するとこうなります（左頁より）。

自分棚卸しシート(A)

氏名　草食　のどか　　　記入日　2013/11/4

1. 土台(勤務先の情報)

No.	会社名(学校名)	所属部門／グループ	年数
A	株式会社Ｐ自動車	総務人事部　人事管理チーム	2
B	株式会社Ｐ自動車	総務人事部　企画チーム	2
C	株式会社Ｐ自動車	国内営業部　販売管理チーム	2
D	株式会社Ｐ自動車	国内営業部　営業支援チーム	1

2. 引き出し

(経験した業務分野や領域 、取得した資格 など)

No.	「引き出し」の記述	土台 No.	分類(※)
1	勤務管理 システム導入と定着促進	A	Special
2	在宅勤務制度の定着促進 (働き方改革プロジェクト)	B	Special
3	新車販売台数情報の管理	C	Special
4	販促品の活用促進	D	Special
5	システム開発のプロセスの知識	A	General
6	プレゼンテーション	D	General
7	国内販売会社の人脈	D	General
8	IT パスポート試験合格	C	Special

※分類：「Special」(専門的)または「General」(汎用的)を分類し記入してください。

3. 部品

(経験や実績、成功(失敗)体験や苦労、得たノウハウや知識、など)

No.	「部品」の記述

●自分棚卸しシート（A）記入例1　草食のどか編

自分棚卸しシート(A)

氏名　沢渡　あまね　　　記入日　2013/12/1

1. 土台(勤務先の情報)

No.	会社名(学校名)	所属部門／グループ	年数
A	YY 自動車株式会社	購買部　IT 購買チーム	6
B	YY 自動車株式会社	海外マーケティング部	2
C	株式会社 ZZ システム	購買部	3
D	株式会社 ZZ システム	情報システム部	4

2. 引き出し
(経験した業務分野や領域 、取得した資格 など)

No.	「引き出し」の記述	土台 No.	分類(※)
1	IT購買（バイヤー）	A	Special
2	IT購買（戦略企画）	A	Special
3	海外マーケティング （グローバルシステムの企画導入）	C	Special
4	購買(新規業務企画)	C	Special
5	ファシリテーション／プロジェクトリード	C	General
6	貿易実務検定○級	A	Special
7	TOEIC XXX 点	B	General

3. 部品
(経験や実績、成功(失敗)体験や苦労、得たノウハウや知識、など)

No.	「部品」の記述

●自分棚卸しシート（A）記入例（沢渡の場合）

[3] 自分を「部品化」する

次に、それぞれの「引き出し」の中の「部品」を整理しましょう。

ここでは、「あなたというタンスのそれぞれの引き出しの中には、いったい何が入っているのだろう?」ということを、きちんと整理しておきます。

ここで言う「部品」とは次のようなものです。

■「部品」とは

①あなたの具体的な経験や実績 → 「やったこと」「残したもの」
②あなたの具体的な成功（失敗）体験や苦労 → 「失敗したこと」「苦労したこと」「成果」
③あなたが得たノウハウや知識 → 「身についたこと」「学んだこと」

あなたの「引き出し」一つひとつに対する、経験・実績・苦労・ノウハウ・ナレッジ…などが「部品」です。これを具体的に書き出してみてください。

ここでのポイントはなるべく泥臭く、生々しく書くこと。きれいに飾ろうとすると、所詮履歴書にしかなり得ません。自分自身のための部品リストですから、うそ偽りなくありのままに書いてください（**図2-5**）。

草食のどかさんを部品化した結果はこうです（**図2-6**）。ちなみに、わたし（沢渡あまね）を部品

「引き出し」の中の「部品」を整理しよう。
⇒　経験・実績・苦労・ノウハウ／ナレッジなどをブレークダウンし、「部品」に落とし込もう。「部品」とは大きく以下の三つ。

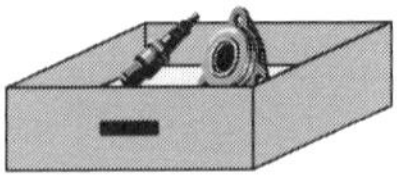

①具体的な経験や実績：「やったこと」「残したもの」

②具体的な成功（失敗）体験や苦労：「失敗・苦労したこと」「成果」

③得たノウハウや知識：「身についたこと」「学んだこと」

「引き出し」	「部品」
A	・・・・・・・・・・をした。（X社　○○部）
	・・・・・・・・・・を作成し、・・・の効果を得た。（X社　○○部）
	・・・・・・・・・・のノウハウを得た。（Y社　○○部）

図2-5　自分を「部品化」する

化するとこんな感じです（**図2-7**）。

「自分棚卸しシート」で表現すると68ページ・69ページのようになります。

形のないものでも部品になり得ます。「判断」「考え」「気づき」「発した言葉」「態度・姿勢」なども立派なあなたの部品です。

「あのプロジェクトのトラブル対策検討会議で行った、あの判断」

「あの商品企画のベースとなった、あの考え」

「あの実証実験で得た、あの気

「引き出し」	「部品」
勤務管理 システム導入と 定着促進 ［自動車会社］	システムの操作マニュアルを作成するノウハウとスキルが身についた（P 自動車　総務人事部門）
	システムの操作方法を人にわかりやすく説明する能力が身についた。（P 自動車　総務人事部門）
	社内 20 部門向けのシステム導入教育の企画と運営をした。（P 自動車　総務人事部門）
販促品の活用促進 ［自動車会社］	販売促進のグッズ（ぬいぐるみ・カレンダー・ミニカーなど）の活用方法を、国内 20 の販売会社の担当者や部課長に説明している。（P 自動車　国内営業部門）
	異なる販売会社の活用事例を収集し、販売会社の担当者や部課長に紹介している。（P 自動車　国内営業部門）
プレゼンテーション ［自動車会社］	国内販売会社（20 社）の担当者や部課長相手にプレゼンテーションをする度胸と能力が身についた。（P 自動車　国内営業部門）

図2-6　「草食のどか」を「部品化」した結果（例）

「引き出し」	「部品」
IT 購買 （バイヤー） ［自動車会社］	1 億円以上の大規模 IT アウトソーシング案件の RFP ／入札の企画運営／ベンダー選定を 30 件以上行った。（自動車 YY 社　購買部門）
	入札の運営効率化のため、スケジュール／各判断基準／メール通知などをテンプレート化した「入札パック」を作成した（10 時間／ 1 件　→　3 時間／ 1 件に削減できた。）。（自動車 YY 社　購買部門）
	社内外の役員や部課長クラスと渡り合う、度胸／マナー／調整能力が身についた。（自動車 YY 社　購買部門）（SI 企業 ZZ 社　購買部門）
IT 購買 （戦略企画） ［自動車会社］	IT アウトソーシングのオフショア発注推進の旗振り。インド・中国のサプライヤーを新規開拓し、社内 8 プロジェクトに適用した（総額○億円規模）。（自動車 YY 社　購買部門）
	IT アウトソーシングのオフショアの成功要因／失敗要因とノウハウが身についた。（自動車 YY 社　購買部門）
	IT アウトソーシング領域のサプライヤー評価基準を、情報システム部門の部課長と調整しながら作成した。（自動車 YY 社　購買部門）
プロジェクトリード ［SI 企業］	社内複数部門を横断する大規模プロジェクトの業務リーダーとなり、新しいシステムを立ち上げた。（SI 企業 ZZ 社　購買部門）

図2-7　【参考】沢渡を「部品化」した結果（例）

自分棚卸しシート(B)

氏名　草食　のどか　　記入日　2013/11/4

1. 土台(勤務先の情報)

No.	会社名(学校名)	所属部門／グループ	年数
A	株式会社Ｐ自動車	総務人事部　人事管理チーム	2
B	株式会社Ｐ自動車	総務人事部　企画チーム	2
C	株式会社Ｐ自動車	国内営業部　販売管理チーム	2
D	株式会社Ｐ自動車	国内営業部　営業支援チーム	1

2. 引き出し
(経験した業務分野や領域 、取得した資格 など)

No.	「引き出し」の記述	土台 No.	分類(※)
1	勤務管理 システム導入と定着促進	A	Special
2	在宅勤務制度の定着促進 (働き方改革プロジェクト)	B	Special
3	新車販売台数情報の管理	C	Special
4	販促品の活用促進	D	Special
5	システム開発のプロセスの知識	A	General
6	プレゼンテーション	D	General
7	国内販売会社の人脈	D	General
8	IT パスポート試験合格	C	Special

※分類：「Special」(専門的)または「General」(汎用的)を分類し記入してください。

3. 部品
(経験や実績、成功(失敗)体験や苦労、得たノウハウや知識、など)

No.	「部品」の記述
1-1	システムの操作マニュアルを作成するノウハウとスキルが身についた。
1-2	システムの操作方法を人にわかりやすく説明する能力が身についた。
1-3	社内 20 部門向けのシステム導入教育の企画と運営をした。
2-1	在宅勤務制度の知識が身についた。
2-2	国内海外の企業における、在宅勤務制度の活用事例を知っている。
2-3	在宅勤務制度のメリットとデメリットを説明できる。
3-1	全国 50 の販売会社からの新車販売台数情報データ(Excel)を毎月督促～入手～集計し、社内報告をした。
3-2	・・・・・・・・・・・・・・・・・・
3-3	・・・・・・・・・・・・・・・・・・
4-1	販売促進のグッズ(ぬいぐるみ・カレンダー・ミニカーなど)の活用方法を、国内 20 の販売会社の担当者や部課長に説明している。
4-2	異なる販売会社の活用事例を収集し、紹介している。
4-3	・・・・・・・・・・・・・・・・・・
5-1	システムプロジェクトの要件定義～導入までの経験と知識を得た。
5-2	・・・・・・・・・・・・・・・・・・
6-1	国内販売会社(20 社)の担当者や部課長相手にプレゼンテーションをする度胸と能力が身についた。
7-1	国内販売会社(20 社)の担当者や部課長との人脈ができた。
8-1	

●自分棚卸しシート (B) 記入例2　草食のどか編

自分棚卸しシート（B）

氏名　沢渡　あまね　　　　記入日　2013/12/1

1. 土台（勤務先の情報）

No.	会社名（学校名）	所属部門／グループ	年数
A	YY 自動車株式会社	購買部　IT 購買チーム	6
B	YY 自動車株式会社	海外マーケティング部	2
C	株式会社 ZZ システム	購買部	3
D	株式会社 ZZ システム	情報システム部	4

2. 引き出し
（経験した業務分野や領域、取得した資格 など）

No.	「引き出し」の記述	土台 No.	分類（※）
1	IT購買（バイヤー）	A	Special
2	IT購買（戦略企画）	A	Special
3	海外マーケティング（グローバルシステムの企画導入）	C	Special
4	購買（新規業務企画）	C	Special
5	ファシリテーション／プロジェクトリード	C	General
6	貿易実務検定○級	A	Special
7	TOEIC XXX 点	B	General

⋮

3. 部品
（経験や実績、成功（失敗）体験や苦労、得たノウハウや知識、など）

No.	「部品」の記述
1-1	1 億円以上の大規模 IT アウトソーシング案件の RFP ／入札の企画運営／ベンダー選定を 30 件以上行った。
1-2	入札の運営効率化のため、スケジュール／各判断基準／メール通知などをテンプレート化した「入札パック」を作成した（10 時間／ 1 件　→　3 時間／ 1 件に削減できた）。
1-3	社内外の役員や部課長クラスと渡り合う、度胸・マナー・調整能力が身についた。
2-1	IT アウトソーシングのオフショア発注推進の旗振り。インド・中国のベンダーを新規開拓し、社内 10 プロジェクトに適用した（総額○億円規模）。
2-2	IT アウトソーシングのオフショアの成功要因・失敗要因とノウハウが身についた。
2-3	IT アウトソーシング領域のベンダー評価基準を、情報システム部門の部課長と調整しながら作成した。
3-1	海外子会社（100 ヶ国、3,000 ユーザ）向けの販売情報管理システムの要件を策定し、主要子会社（南アフリカ、中近東ほか）に出張して導入支援と活用プロモーションを行った。
3-2	国内子会社向け販売情報管理システム（画面やメッセージ）を英語化し、海外子会社に対応した。
3-3	海外子会社向け販売情報管理システムのグローバルヘルプデスク（英語）を立ち上げ、オペレーター 3 名の管理をした。
4-1	購買オペレーション業務の運用コスト削減のための、BPO（ビジネスプロセスアウトソーシング）の仕組みの立ち上げ（パートナー選定、業務設計、業務移管、定着）。
4-2	………………
4-3	………………
5-1	社内複数部門を横断する大規模プロジェクトの業務リーダーとなり、新しいシステムを立ち上げた。
5-2	………………
5-3	………………
6-1	
7-1	

⋮

●自分棚卸しシート（B）記入例（沢渡の場合）

づき」

「チームメンバーのモチベーションを高めるきっかけとなった、私が発したあの言葉」

このようなものも部品としてとらえてください。

「肉食系」の人たちは、派手な実績や定量的な物事ばかりをＰＲしたがります。「草食系」は小さなことでも使えそうなものはとことん拾って使いましょう。ヤギが足元の草を残さず食いつくすように、「草食系」ビジネスパーソンも拾えるものは拾う。これが大事です。

あなたの過去のワンシーンにも使えそうなものは転がっています。「あの日、あのとき、あの場所で」（…譬えが古いですね）をなるべく鮮明に思い出しながら、部品として洗い出してみてください。

【4】自分の「引き出し」を整理する／自分を「部品化」するときのポイント

ここまで、みなさんが自分資産（すなわち「引き出し」「部品」）を棚卸しする方法を解説してきました。「引き出し」「部品」を洗い出しするときのポイントは次の三点です。

①どんな小さなことでもよいので、なるべくたくさん洗い出すこと

②前向きな気持ちで行うこと

（「私って実は凄いことをやっていたのかも？」くらいに自分を褒めながら振り返るとよい）

③他人からフィードバック（感想程度でもよい）を得ること

自分の「引き出し」を整理する／自分を「部品化」するときのポイント

①どんな小さなことでもよいので、「やったこと」「残したこと」「苦労したこと」「学んだこと」など、思い出しながらなるべくたくさん洗い出すこと。
②前向きな気持ちで行うこと。「私って実は凄いことやってたのかも？」くらいに自分を褒めながら振り返るとよいでしょう。
③①について他人からフィードバック（感想程度でもよい）を得ること。

■ブレインストーミングのように、複数名で実施することをお薦めします

※自分では「取るに足らない」と思っている経験や実績が、他人から見たら「貴重な経験」「光るノウハウ」であるかもしれません。（そのような「気づき」を得ることも重要です。）
（よって、「引き出し」「部品」の洗い出しをするときにはなるべく自分で「大きい」「小さい」「価値あり」「価値なし」などの判断はせずに、とにかくまず洗い出してみましょう。）
※なるべく書き出してください。書くことによる自分自身へのリマインド効果があります。
※他人と行うことで、他人の「引き出し」「部品」を知ることができるメリットもあります。

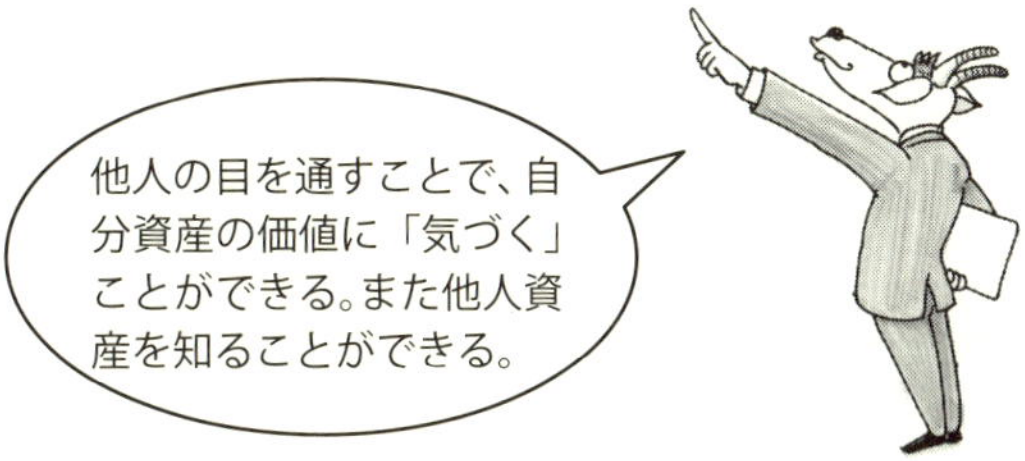
他人の目を通すことで、自分資産の価値に「気づく」ことができる。また他人資産を知ることができる。

図2-8　自分の「引き出し」を整理する／自分を「部品化」するときのポイント

「引き出し」「部品」の棚卸しは、（自分一人で黙々とやるのもよいですが）ブレインストーミングのように他の人と複数名で実施することをお薦めします。

自分では「取るに足らない」と思っていた経験や実績が、他人から見たら「貴重な経験」「光るノウハウ」である場合はよくあります。（わたしが開催するキャリアマネジメント研修でも、そのような「サプライズな気づき」を得る受講者がたくさんいらっしゃいます）。

他人の目を通すことで、自分資産の価値に「気づく」こ

コラム

失敗も大切な「資産」だ！

「31・1％」

これ、何の数値だと思いますか？

この数値は、日経コンピュータ誌が２００８年に調査発表した、わが国におけるシステム開発プロジェクトの成功率です。成功の定義はプロジェクトよって様々であり、31・1％以外のプロジェクトが一概にだめだったとは言えないと思いますが、成功＝当初設定した目標を達成すること、と定義するならば、約7割のプロジェクトは目標未達成＝失敗だったことになります。

3割しか成功しない世界において、成功するためにはどうしたらよいでしょうか？よほどの運と実力を兼ね備えているプレーヤーであれば、最初から成功し続けることが可能かもしれません。でも多くの人たちは失敗からのスタート、もしくは失敗と成功をいったりきたり。だとすると、失敗から学ばないことには、次の成功はない…こうなります。7割もある貴重な失敗プロジェクトから次の成功のための何かを学ばなければ、それこそ無駄な失敗です。

「失敗から学ぶ」取り組みはあらゆるところで行われてきています。

東日本旅客鉄道（ＪＲ東日本）では、福島県白河市に「事故の歴史展示館」という社内施設を開設しています。この施設には、過去に発生した鉄道重大事故がいわば「動態保存」されており、写真入りのパネルやシミュレータなどを通じて鉄道運営に携る社員が事故を体験学習できます。事故発生の背景やメカニズム、影響と対策などを過去の失敗事例から社員に学ばせ、再発を防ぐ意義ある取り組みです。

最近では「失敗学」なる学問も確立され、工学院大学教授の畑村洋太郎先生が中心となり、「失敗に学び、失敗を繰り返さないようにする」取り組みが盛んになってきています。

そう考えると、失敗そのものは別として、失敗体験は実は大切な「資産」なのです。

「え、失敗って恥ずべきものでしょ？」と思われるかもしれません。そのような心理が、失敗から学ぶことを妨げ、次の失敗を生む温床になっているのです。

過去を振り返るとき、どうしても成功体験にばかり目がいきがちです。なぜなら、成功体験は誇らしいものであり、自分の記憶にも残りやすいからです。（周りにアピールしたい欲求も伴っています。）

しかし、成功体験をリピートして、次また成功できるとは限りません。（先のシステム開発の世界のような、成功率3割の世界であればなおのこと）。一方で、失敗体験というのは闇に葬られがちです。

失敗は恥ずかしいものであり、なるべく隠したい、早く忘れたい…そんな心理が働いてしまうのでしょう。これは大変もったいないことです。

失敗を経験していることは、次似たことをやるときに失敗する「勘どころ」を知っていることです。

これはとても貴重なノウハウです。是非失敗体験に目を向け、原因分析・再発防止策の検討などをしっかりとやった上で知識化＝「自分資産」化していってください。

とができるのです。この「気づき」は自分一人で作業をしていたのではなかなか得られません。

よって、「引き出し」「部品」の洗い出しをするときには、なるべく自分で「大きい」「小さい」「価値あり」「価値なし」などの判断はせずに、とにかくまず洗い出してみることが重要です。

「俺って凄いことをやっていたのかも?」くらいの気持ちで、自分を褒めながら棚卸ししてみるのもよいでしょう。

そして、なるべくたくさん書き出すことも大切。手を動かして書くことによる自分自身へのリマインド効果があるからです。

「あ、自分はこんなことをやっていたんだ」って。

「引き出し」「部品」として書き出した文字を眺めていると、関連した別の「引き出し」「部品」を思い出す…という連鎖反応が起こります。文字にして書き出すことは、そういう効果もあるのです。

また、これら一連の作業を他人と行う大きなメリットは、あなたの「引き出し」「部品」を相手に知ってもらうことができ、あなたもまた他人の「引き出し」「部品」を知ることができることです。

（このメリットについては、第3章で詳しくお話しします。）

なお、わたしが開催しているキャリアマネジメント研修では、個人ワークとグループワークの2部構成で、自分資産の棚卸し作業をした後に、他の受講者とのディスカッション形式で互いの自分資産を見せてコメントしあう場を提供しています。

みなさんも、是非、大人数でワイワイ楽しくやりましょう！

〔5〕自分の「引き出し」を整理する／自分を「部品化」するメリット

さて、こうまでして自分資産を棚卸整理するメリットってなんなのでしょうか？なんでこんな面倒くさいことをわざわざする必要があるのでしょうか？

本章の締めくくりとしてサマリーします。

■自分の「引き出し」を整理する／自分を「部品化」するメリット

①現状把握ができる

②新たなチャレンジ（転職・異動／新しい仕事の獲得）をする際に自分をアピールしやすくなる

③新しい仕事に取り組むとき、過去の経験や知識をすぐに取り出し適用できる

④新しい仕事に取り組むとき、自分に何が足りないかを把握でき、補強策を考えることができる

⑤（管理者やチームリーダー向け）チーム全体（各チームメンバー）の強み弱みを把握し、チームフォーメーションやチームマネジメントに生かせる。

要は、

・自分資産を「見えるよう」にしておくことで、いまの自分に何ができて、何ができない、そして何が足りないかを把握できる。そして自分を補強するためのアクションにつなげることができる

・自分資産を「必要に応じて取り出せるよう」にしておくことで、即時にパフォーマンスを発揮することができる

(1) 自分の「経験」「実績」「ノウハウ」「スキル」などを整理できる。
(2) 自分の「強み」「得意分野」「特長（ユニークネス）」「趣向」などをリマインドできる。

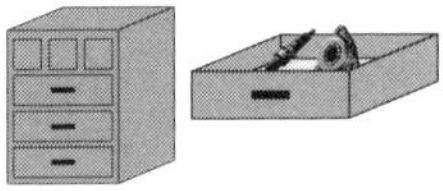

①現状把握ができる。
②新たなチャレンジ（転職／異動／新しい仕事の獲得）をする際に自分をアピールしやすい。
③新しい仕事に取り組む時、過去の経験や知識をすぐ取り出し適用できる。
④新しい仕事に取り組むとき、自分に何が足りないかを把握でき、補強策を 考えることができる。
⑤（管理者やチームリーダー向け）チーム全体（各チームメンバー）の強み弱みを把握し、チームフォーメーションやチームマネジメントに生かせる。

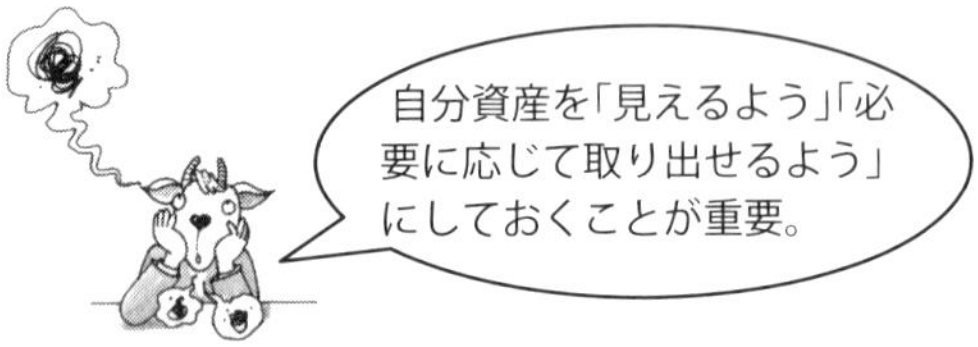
自分資産を「見えるよう」「必要に応じて取り出せるよう」にしておくことが重要。

図2-9　自分の「引き出し」を整理し、自分を「部品化」することのメリット

ということです。

「あのとき、どうやったっけ？」

これをすぐに思い出して使えるようにしておきましょう（図2-9）。

いまあなたの手元には、専門的（Special）と汎用的（General）に分類された「引き出し」のリストと「土台」のリストがあります。そして、それぞれの「引き出し」の中身である「部品」のリストがあります。

さあ、自分資産の棚卸しは完了しました。いよいよ、自分資産の運用を検討するフェーズに入ります。

草食系の勝負はここから！

この章のまとめ

(1)「自分資産」を「引き出し」「部品」の形で洗い出そう。

(2) 他人の目を通すことで、「自分資産」の価値に気づくことができる。また他人資産を知ることができる。

(3)「自分資産」を「見えるよう」「必要に応じて取り出せるよう」にしておこう。

コラム

どっちが強い？　専門的（Special）スキルと汎用的（General）スキル

この章で、あなたの「引き出し」を「専門的（Special）」と「汎用的（General）」に分類していただきました。ところで、専門的（Special）スキルと汎用的（General）スキルとでは、いったいどっちが強いのでしょうか？

何に強いのかにもよりますが、あえて答えるならば、汎用的（General）スキルの方が強いと考えます。なぜなら、汎用的（General）スキルは価値が目減りしづらく、一方で専門的（Special）スキルは価値が目減りしやすいからです。

たとえば、半導体や液晶の技術。

シャープが液晶事業をリストラし、亀山工場の生産設備を売却して台湾企業との資本業務提携に踏み切ったニュースは、みなさんの記憶にも新しいことでしょう。２０００年代前半には栄華を極めた日本の液晶技術も、いまや海外勢に追随され…という苦しい状況にあります。

特殊（Special）資産は、その対象技術や製品がプロダクトライフサイクルの導入期～成長期にあるうちは大変高い価値を持ちますが、成熟期を境に、衰退期へ入ったとたんに価値が急降下します。

プロダクトライフサイクルの成熟期になることはその製品が価格競争状態に入ることを意味します。そうなると人件費勝負の世界になり、開発生産拠点を人件費単価の安い海外に移転…となることは明らかです。仕事場が日本になくなれば、当然その仕事に特化した専門的（Special）スキルの価値は大暴落します。

ＩＴ技術者（プログラマー、ＳＥ（システムエンジニア）など）においてもほぼ同様のことが言えるでしょう。グローバルレベルでのネットワークインフラの整備が進んだいま、情報システムの設計開発（プログラミングなど）を中国、インド、ベトナムなどで行うのは、いまやIT業界では当たりまえになってきています。

高い専門性を持ったあなたの仕事が、ある日突然あなたの会社から、いいえ、日本からなくなってしまうことも普通にあり得るのです。

一方で、汎用（General）資産は目減りしにくいと言えます。

コミュニケーションスキル、マネジメントスキル、語学力…これらのスキルはどんな企業、どんな職場でも必要とされるスキルです。企業や職場によって必要度合いの差こそあれ、日本でこれらのスキルの重要性がゼロになるということは、まずないでしょう。

誤解しないで下さい。わたしは専門的（Special）スキルを否定している訳では決してありません。特殊知識や技術なしにできる仕事はないでしょう。実際、汎用（General）スキルだけで食べている人はなかなかいないとおもいます。どんな仕事も、必ず何かしらの特殊性や専門性を伴います。ただ、専門性のみに依存しすぎるのはリスキーではないか、そう申し上げたいのです。

わたしは、特殊性の中にも、汎用性を見出すことが重要なのではないかと思います。どんな高度な技術者にも、何かしら汎用的な（＝他でも通用する）経験・知識・スキルなどが必ずあるはずです。特殊性の階段を降りていくと、そこには他の領域で通用する共通的な何かがあります。そこに目を向けましょう。

たとえば、IT技術者（プログラマー、システムエンジニアなど）。「IT」「情報システム」というとそれだけでマニアックな響きがあり、専門（Special）技術のカタマリのように思われがちです。（そして、技術者自身も「自分の仕事は高度に専門化されている」と思ってしまいがちです。）

ところが、情報システム開発のマネジメントプロセス、品質管理プロセス、考え方、勘所などは、実はどんな仕事にも適用できるものなのです。（わたしは、情報システムのフレームワークやプロセスは、むしろＩＴを伴わない業務の設計や改善にもどんどん適用すべきだと常日頃思っています。システムエンジニアは、優秀な業務コンサルタントになれる素養を十分に兼ね備えていると思っていますし、実際にそのような幅広な活躍をされている方もいらっしゃいます。）

「特殊」であること、専門性の高い技術や経験に誇りを持つこと、これは大変すばらしいことです。それがなければ、日本はこんなにもすばらしい技術や製品を世界にあまた送り出すことは到底できなかったでしょう。ただ、誇りを持つあまり、自分の中にせっかくある「汎用（General）スキル」が見えていない、見ようともしない。これは大変もったいないことです。

わたしは、「何かしらの専門性を持ったジェネラリスト」あるいは「何かしらの汎用性を持った、スペシャリスト」がこれからの時代、強いのではないかなと思っています。

あなたは、自分の中の「汎用性」に目をつぶっていませんか？　見逃していませんか？

第3章

自分の「資産」を運用せよ！

～「引き出し」「部品」の組み合わせで勝負する～

【この章で学習すること】

棚卸しした「自分資産」（＝「引き出し」「部品」）を組み合わせることで、あなたは「目先の仕事をどうこなすか？」「新たにどんなことができそうか？」「新たにどんなことをやりたいか？」「足りないものは何か？」など、自分の可能性とギャップを見出すやり方を学習します。また、「組み合わせスタディシート」［付録2］を使って、実際にあなたの「自分資産」を組み合わせたシミュレーションをしてみましょう。

「肉食系」は
⇓無理をしてでも新しいチャンスやチャレンジに飛びついてキャリアアップする。。

「草食系」は
⇓無理せず自分の「引き出し」「部品」を有効活用（運用）してキャリアアップしよう！

3-1

「自分資産」の棚卸しの次は運用フェーズ

本章では、「投資」↓「回収」のサイクルで「自分資産」を利・活用（運用）し、今の仕事および

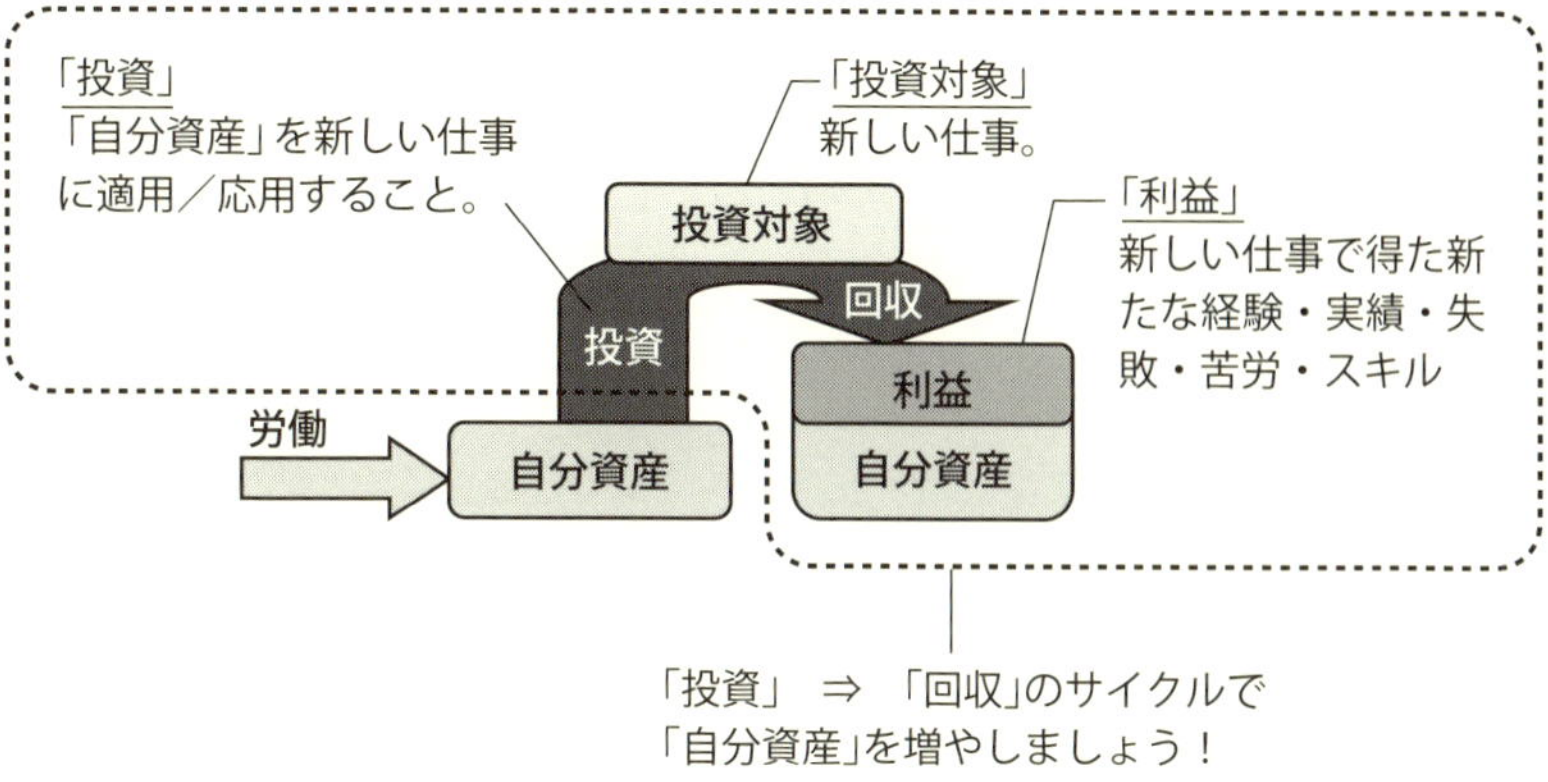
「投資」
「自分資産」を新しい仕事に適用／応用すること。
「投資対象」
新しい仕事。
「利益」
新しい仕事で得た新たな経験・実績・失敗・苦労・スキル
投資対象
回収
投資
利益
労働
自分資産
自分資産
「投資」 ⇒ 「回収」のサイクルで
「自分資産」を増やしましょう！

新しい仕事を通じて「自分資産」を増やす方法を説明します。「投資」とは、「引き出し」「部品」を組み合わせて、あなたが新しい仕事（＝「投資対象」）にチャレンジすることです。「回収」とは、あなたが新しい仕事を通じて得た（増えた）経験・実績・失敗・苦労・スキルを「引き出し」「部品」として、あなたのラインナップに追加することです。この「投資」→「回収」のサイクルをまわすことこそが、「草食系」のキャリアマネジメントの中枢を成します。

さて、「投資」をするためには事前の準備が必要です。お金の投資でも同じですが、十分なスタディや資金調達をせずに、いきなり投資する人はいないでしょう。お金の投資活動と同様、まずは投資準備を行いましょう。

投資準備とは、

①「投資対象」を見極める
②投資を行うために足りないモノを見極める
③「投資対象」を手に入れるために自分をアピールする
の三つの活動です。

3-2
「投資」の準備をする

ここで、投資準備のための三つの活動について詳しく説明します。

①**「投資対象」を見極める**
自分の「引き出し」「部品」を組み合わせることで何ができるか（できる仕事）、なにがやりたいか（やりたい仕事）を想像する。

②**投資を行うために足りないモノを見きわめる（および足りないモノの調達方法を明確にする）**
自分に足りていない「引き出し」「部品」を見極める。また、他人の「引き出し」「部品」を知っておく。

③**「投資対象」を手に入れるために自分をアピールする**
新しい仕事をもらうために、自分の「引き出し」「部品」を周りに知ってもらう。

具体的には、次の手順で投資準備を進めます。

［1］自分の「引き出し」「部品」の組み合わせで得られる価値を想像する
［2］足りない「引き出し」「部品」を見極める
［3］他人の「引き出し」「部品」を知る
［4］自分の「引き出し」「部品」をアピールする

お手元に、次の二つのシートを用意してください。筆記用具も忘れずに！

■「自分棚卸しシート」（第2章の活動を通じて記入済のもの）
■「組み合わせスタディシート」（ブランクフォームは巻末（「付録2」）にあります）

［1］自分の「引き出し」「部品」の組み合わせで得られる価値を想像する

使うものは、第2章の成果物…すなわちあなたが自分自身を棚卸ししてできた「引き出し」「部品」「土台」のリストです。これをお手元に用意してください。

リストアップされたあなたの「引き出し」「部品」「土台」を組み合わせたら、どんなことができるか？を想像します。いわば、自分自身の化学反応を考えるエクササイズです。ブロックおもちゃの部品を組み合わせて様々な造形物を作っていくっていくかのように、あなた自身の「引き出し」「部品」「土台」をじゃんじゃん組み合わせてみてください。

さあ、ここからはイマジネーションが勝負です。なるべくリラックスして、柔軟な考えや発想でトライしてみましょう。

準備はよいですか？

ここでは、次の三つのことを考えてみてください。

あなたの「引き出し」「部品」そして「土台」を組み合わせて…

①目先（現在）の仕事（タスク）をこなすことができそうか？

②どんな新しい仕事ができそうか？

③どんな新しい仕事がやりたいか？

すなわち、

・このタスクは、「A（引き出し）×B（引き出し）×E（部品）」でクリアできるぞ！

・「A（引き出し）×B（引き出し）×E（部品）×@Y（土台）」

で、こんなことができそうだ！

・「A（引き出し）×B（引き出し）×E（部品）×@Y（土台）」

で、こんなことがやりたい！

このような組み合わせバリエーションを作っていただきたいのです。

またまた、草食のどかさんの例で考えてみましょう。「自分棚卸しシート」を再び確認して下さい。

自分棚卸しシート(B)

氏名　草食　のどか　　　記入日　2013/11/4

1. 土台(勤務先の情報)

No.	会社名(学校名)	所属部門／グループ	年数
A	株式会社 P 自動車	総務人事部　人事管理チーム	2
B	株式会社 P 自動車	総務人事部　企画チーム	2
C	株式会社 P 自動車	国内営業部　販売管理チーム	2
D	株式会社 P 自動車	国内営業部　営業支援チーム	1

2. 引き出し

(経験した業務分野や領域 、取得した資格 など)

No.	「引き出し」の記述	土台 No.	分類(※)
1	勤務管理 システム導入と定着促進	A	Special
2	在宅勤務制度の定着促進 (働き方改革プロジェクト)	B	Special
3	新車販売台数情報の管理	C	Special
4	販促品の活用促進	D	Special
5	システム開発のプロセスの知識	A	General
6	プレゼンテーション	D	General
7	国内販売会社の人脈	D	General
8	IT パスポート試験合格	C	Special

3. 部品

(経験や実績、成功(失敗)体験や苦労、得たノウハウや知識、など)

No.	「部品」の記述
1-1	システムの操作マニュアルを作成するノウハウとスキルが身についた。
1-2	システムの操作方法を人にわかりやすく説明する能力が身についた。
1-3	社内 20 部門向けのシステム導入教育の企画と運営をした。
2-1	在宅勤務制度の知識が身についた。
2-2	国内海外の企業における、在宅勤務制度の活用事例を知っている。
2-3	在宅勤務制度のメリットとデメリットを説明できる。
3-1	全国 50 の販売会社からの新車販売台数情報データ(Excel)を毎月督促～入手～集計し、社内報告をした。
3-2	………………
3-3	………………
4-1	販売促進のグッズ(ぬいぐるみ・カレンダー・ミニカーなど)の活用方法を、国内 20 の販売会社の担当者や部課長に説明している。
4-2	異なる販売会社の活用事例を収集し、紹介している。
4-3	………………
5-1	システムプロジェクトの要件定義～導入までの経験と知識を得た。
5-2	………………
6-1	国内販売会社(20 社)の担当者や部課長相手にプレゼンテーションをする度胸と能力が身についた。
7-1	国内販売会社(20 社)の担当者や部課長との人脈ができた。
8-1	

※分類：「Special」(専門的)または「General」(汎用的)を分類し記入してください。

●自分棚卸しシート（B）記入例2　草食のどか編

①目先（現在）の仕事（タスク）をこなすことができそうか？

次のような目先の仕事（タスク）が課せられているとします。

【目先の仕事（タスク）】

国内販売会社向けの販売促進支援システムの企画

このタスクに対応するために、どんな「引き出し」「部品」「土台」が使えるかを考え、組み合わせてみましょう。

「自分棚卸しシート」の中から、いまやっている国内販売会社向けの販促品の活用促進経験、販売会社20社の担当者や部課長との人脈、そして昔やったことのある勤務管理システムの開発プロセスの知識、関係者にプレゼンテーションする度胸と能力…などを生かすことができそうですね。

「引き出し4」×「部品7-1」×「部品5-1」×「部品6-1」×「土台A」「土台D」

と、なります。

ここで大切なのが、この組み合わせの式を見たあなた自身が「引き出し」や「部品」（特に「部品」）を必要なレベルまで詳細に思い出すことができるか、再現できるかどうかです。（ただなんとなく、「ああ、あのとき似たような経験をしたから大丈夫だろう…」ではダメです。）

たとえば「部品5-1」。「システムプロジェクトの要件定義～導入までの経験と知識」は、「部品」としてはまだまだ漠然としすぎているかもしれません。そこで「あなたが何をしたのか？」「何を学んだのか？」などを具体的に思い出して再利用できなければ意味がないのです。

・どういうフレームワークで要件定義を進めていったのか？
・物事の判断基準をどう整理し合意していったのか？
・どのようなステークホルダーがいて、どのようなやり方で巻き込んでいったのか？
・後になって作業の手戻りを発生させた「地雷」はなんだったか？
…などなど。

「要件定義と導入」の一言で、当時あなたがやってきたことやノウハウなどを思い出して再現できるのであればもちろんノープロブレム。しかし、それだけでは不十分（あるいは後々忘れてしまいそう）であれば、「当時何をしたか？」「どんな知識を得たか？」などを、より詳細にブレークダウンした形で「部品」定義しておくべきでしょう。

「部品」をどのような粒度で、どこまで泥くさく定義しておくかは、「自分自身が思い出すことができるか？」「再現可能か？」という観点で考えてみてください。

②どんな新しい仕事ができそうか？

「引き出し」「部品」「土台」の組み合わせで、あなたが新たにどんなことができそうかを考えてみましょう。

「自分棚卸しシート」の中から、いまやっている国内販売会社向けの販促品の活用促進の経験、販売会社の担当者や部課長との人脈があること、さらに過去に総務人事部でシステムの導入教育の企画と運営をしてきたこと、これらを組み合わせてみたら…。

［引き出し4］×［部品7-1］×［部品1-3］×［土台A］［土台D］

＝　国内販売会社向けの、販売員への販売促進教育プログラムの企画提案

なんてことができるかもしれません。

いまの部署、いまの会社、いまの業種など「現在」にとらわれなくてもよいです。

・他の自動車会社の、販売員への教育プログラムの企画はできないか？

・食品会社の販促品企画もできるのではないか？

などなど、想像の翼を大いに広げて自由にイマジネーションしてみましょう！

③どんな新しい仕事がやりたいか？

もう少し自分の夢を膨らませて（?）、「引き出し」「部品」「土台」の組み合せで、あなたがどんなことをやってみたいかを考えてみましょう。

いまやっている国内販売会社向けの販促品の活用促進の経験、販売会社とのチャネルがあり商品を

売る「現場」の声を知っていること、これらを組み合わせてみて、

〔引き出し4〕×〔部品7-1〕×〔土台D〕

＝　広報部に異動して、ブランド戦略の企画をやってみたい！

あるいは、いまやっている国内販売会社向けの販促品の活用促進の経験、さらに過去に総務人事部でシステムの導入教育の企画と運営をしてきたこと、そして…、

「私、もともと自動車よりもコスメに興味があったんだよね。コスメ業界で仕事がしたいな！」…

こんな夢をスパイスして、

〔引き出し4〕×〔部品1-3〕×〔土台A〕〔土台D〕

＝　化粧品会社に転職して、販売員向けのブランド教育プログラムの企画提案をやってみたい！

というのもありでしょう。

「こんな仕事がしたい」という明確な夢や希望がある方は、「引き出し」「部品」「土台」を組み合わせることでその夢や希望にどれだけ近づけるか？　という観点でシミュレーションをしてみればよい

組み合わせスタディシート

氏名　草食　のどか　　記入日　2013/11/4

1. 組み合わせスタディ

No.	組み合わせ（「自分棚卸シート」で整理した「引き出し」「部品」の No. を記入する）										足りない「引き出し」「部品」有無		組み合わせで得られる価値「こんなことができそうだ」「こんなことがやりたい」
い	4（引き出し）	×	7-1（部品）	×	5-1（部品）	×	6-1（部品）	×	A, D（土台）	×	あり／なし	＝	国内販売会社向けの販売促進支援システムの企画。
ろ	4（引き出し）	×	7-1（部品）	×	1-3（部品）	×	A, D（土台）	×		×	あり／なし	＝	国内販売会社向けの、販売員への販売促進教育プログラムの企画提案。
は	4（引き出し）	×	7-1（部品）	×	D（土台）	×		×		×	あり／なし	＝	広報部に異動して、ブランド戦略の企画をやってみたい！
に	4（引き出し）	×	1-3（部品）	×	A, D（土台）	×		×		×	あり／なし	＝	化粧品会社に転職して、販売員向けの販売促進教育プログラムの企画提案をやってみたい！

●組み合わせスタディシート記入例（A）

でしょう。そうでない方は、「引き出し」「部品」「土台」を組み合わせてみて「自分がどんなことがやりたいか」を想像してみましょう。

実際、わたしが開催しているキャリア研修でも、この組み合わせシミュレーションを通じて「なりたい自分」に気づかれる方がたくさんいます。

「あ、私こんなことがやってみたいのかも？」

…という具合に。

「自分が何をやりたいかわからない」と悩んでいる人こそ、是非ためしに自分自身の「引き出し」「部品」「土台」をいろいろと組み合わせてみてください。なりたい自分を発見できるかもしれません。

ここまでやってきたシミュレーションを、「組み合わせスタディシート」でやるとこうなります。

「どんな新しい仕事ができそうか？」「どんな新しい仕事がやりたいか？」を考える際には、あなたの汎用的（General）な「引き出し」に着目するとよいでしょう。（第2章の2-1で、あなたの「引き出し」を専門的（Special）か汎用的（General）のいずれかに分類していただきましたね。お忘れなら是非もう一度読んでください。）

とりわけ、新しい仕事の対象を外（いまとは別の部署、別の会社、別の業種など）に求める場合、汎用的（General）な「引き出し」が多い方が得です。なぜなら、汎用的（General）とは、「広くあまねく通用する」ことだからです。転職、異動などを視野に入れる場合は、改めて自分自身に汎用的（General）な「引き出し」がどれだけあるかを整理しておきましょう。

自分の「引き出し」「部品」「土台」の組み合わせを考えるメリットは3つです。

①〔現在〕直面するタスク（現在の仕事）を効率よくこなすことができる
②〔未来〕組み合わせにより、自分が新たにどんなことができそうかを整理することができる
③〔未来〕組み合わせにより、自分が新たにどんなことをやりたいかを整理することができる

自分の現在のため、そして未来のために、「引き出し」「部品」そして「土台」を惜しみなく使うことを考えてください（**図3-1**）。

ところで、自分の過去だけをベースに考えていても限界がありますよね。

「目先の仕事（タスク）をこなすためには、自分にはこの能力が足りない…」
「自分にこの能力さえあれば、新しいこんなことができるのに…」
「こんなことがやってみたい。でも自分にはこんな経験が足りない…」

(1) このタスクは 引き出し A × 引き出し B × 部品 E でクリアできるぞ！

(2) 引き出し A × 引き出し B × 部品 E × 土台 @Y で、こんなことができそうだ！

(3) 引き出し A × 引き出し B × 部品 E × 土台 @Y で、こんなことがやりたい！

①[現在]直面するタスク（現在の仕事）を効率よくこなすことができる。
②[未来]組み合わせにより、自分が新たにどんなことができそうかを整理することができる。
③[未来]組み合わせにより、自分が新たにどんなことをやりたいかを整理することができる。

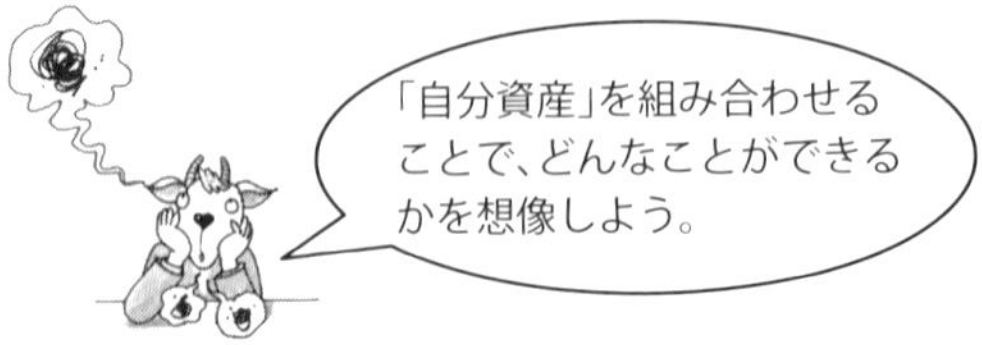
「自分資産」を組み合わせることで、どんなことができるかを想像しよう。

図3-1　自分の「引き出し」「部品」（「土台」）を組み合わせてみる

そうです。いまのあなたの「引き出し」「部品」だけでは足りないことがあるのです（あって当然です）。

先の例でいうと…、あなたに課せられたタスクが、「国内」販売会社向けの販売促進支援システムの企画ではなく、「海外」販売会社向けの販売促進支援システムの企画だったとしたら？　あなたのやりたいことが、「海外」ブランド戦略の企画だったとしたら？

英語などの語学力を必要とするかもしれないですよね。

「英語を使うことさえできれば…」

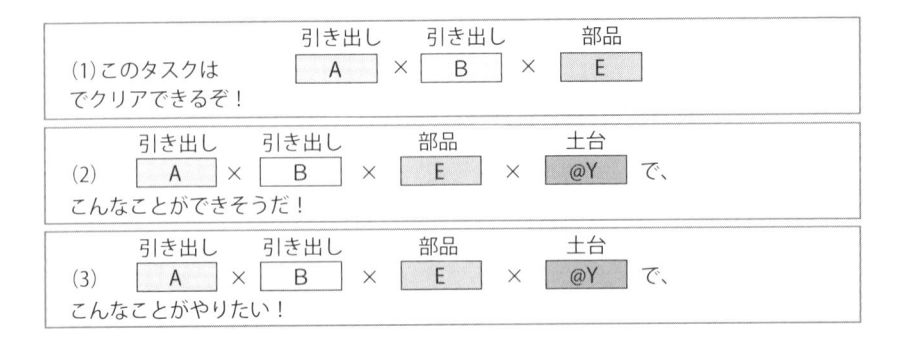

さあ、どうしましょう？　次に続きます…。

【2】足りない「引き出し」「部品」を見極める

前項では、目先の仕事（タスク）を効率よくこなすため／新たにできることを発見するため／新たにやりたいことを発見するために、自分の「引き出し」「部品」（そして「土台」）の組み合わせバリエーションを考えました。ところが、自分の「引き出し」「部品」だけでは足りないことがあります。これは至極あたりまえです。なぜなら、いまある「引き出し」「部品」は、これまでのあなたの姿でしかないからです。

ここで、「ああ、わたしには○○がないから無理だね」と諦めてしまってはダメです（草食以下です！）。成長はありません。

「草食系」のキャリアマネジメントの趣旨は、「過去に固執して生きる」ではありません。未来に向けてジャンプするために、過去に蓄えた使えるモノをどんどん使うことです。その際に大切なのは、あなたの過去〜現在の姿と、あなたがいましなければならない仕事（タスク）／あなたが新たにできること／あなたが新たにやりたいこと、とのギャップを認識することです。ギャップをきちんと認識し、そのギャップをどう埋めるかを考え、ギャップを埋める実践をすることこそが本書のキャリアマネジメントです。ありものの組合せを考えることも大切ですが、いまの自分に足りないものを知ることも忘れてはいけません。まずはきちんとギャップを認識しましょう。そしてそれをどう埋めるかを考えましょう。

ギャップを認識するとは、次の三つの「＋α」を知ることです。

①目先の仕事（タスク）をこなすために、いまの自分に足りないものは何か？（現在の課題解決をするために必要な＋α）

②いまの自分に何を足せば、新たなことができそうか？（可能性を高い実現性に変えるために必要な＋α）

③自分のやりたい仕事の要件に対して、いまの自分に足りていないものは何か？（希望を実現するために必要な＋α）

これらの足りない「α」を明確にしていきましょう。イメージにすると、こんな感じです。

①このタスクは、「A（引き出し）×E（部品）×α（足りない引き出し／部品）」でクリアできるぞ！

②「A（引き出し）×E（部品）×@Y（土台）×α（足りない引き出し／部品）」で、こんなことができそうだ！

③「A（引き出し）×E（部品）×@Y（土台）×α（足りない引き出し／品）」で、こんなことがやりたい！

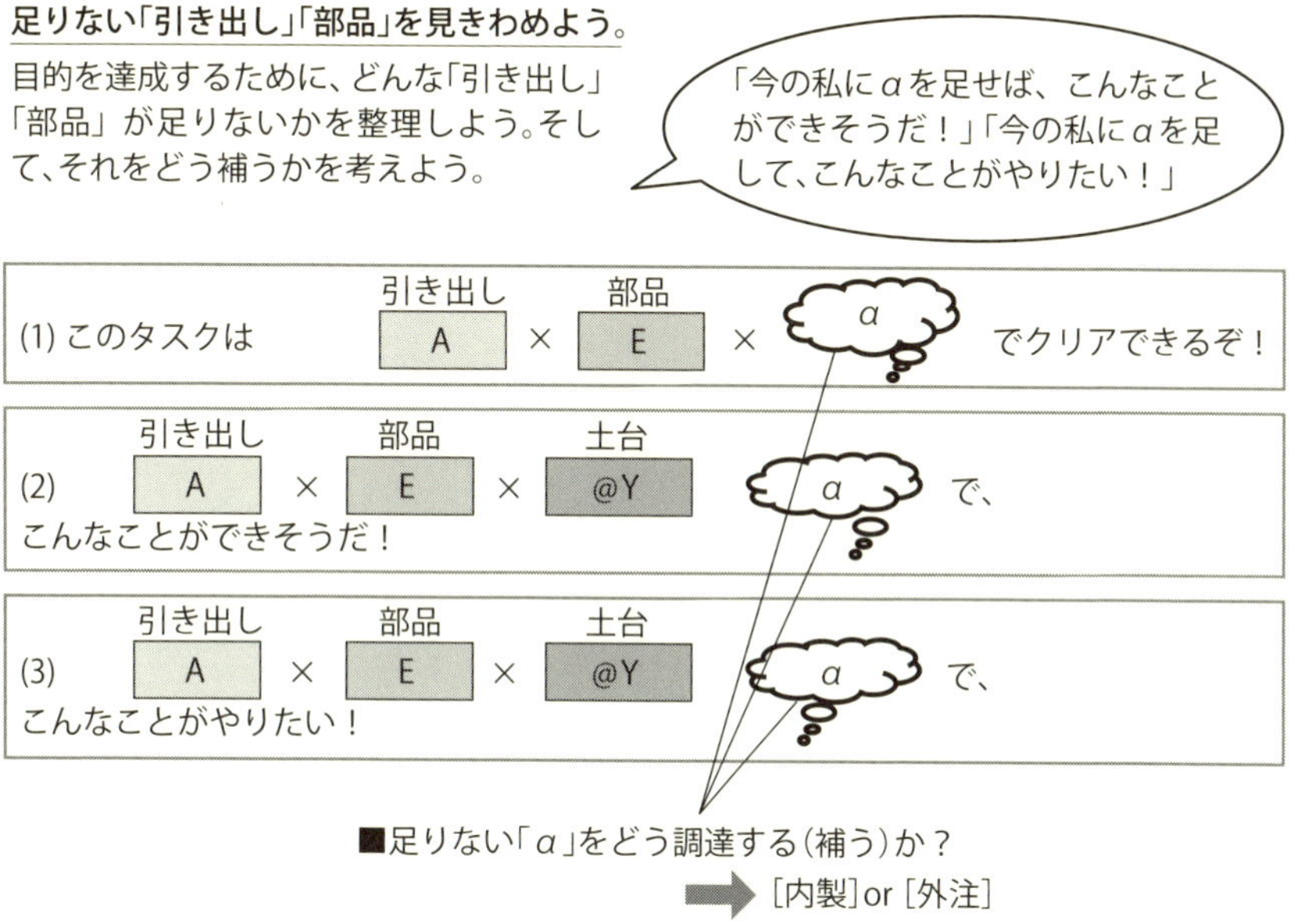
足りない「引き出し」「部品」を見きわめよう。

目的を達成するために、どんな「引き出し」「部品」が足りないかを整理しよう。そして、それをどう補うかを考えよう。

「今の私にαを足せば、こんなことができそうだ！」「今の私にαを足して、こんなことがやりたい！」

引き出し
部品
(1) このタスクは A × E × α でクリアできるぞ！
引き出し
部品
土台
(2) A × E × @Y α で、
こんなことができそうだ！
引き出し
部品
土台
(3) A × E × @Y α で、
こんなことがやりたい！
■足りない「α」をどう調達する（補う）か？
［内製］or［外注］

図3-2　足りない「引き出し」「部品」をどう調達するか？→［内製］ or ［外注］

足りない「α」（＝「引き出し」「部品」）が認識できたら、それをどうやって調達するか（補うか）を考えましょう。この章の例では、「α」＝「英語コミュニケーション能力」ですね。さあ、あなたに足りていない「英語コミュニケーション能力」をどうやって調達しましょうか？

足りない「引き出し」「部品」は、「内製」か「外注」いずれかの方法で調達しましょう。ここでの「内製」「外注」とは簡単に言うと、次の通りです。

① **［内製］ → 自分で身につける**（自分の「引き出し」「部品」として増やす）

② **［外注］ → 他人に頼る**（他人の「引き出し」「部品」を借りる）

内製のオプションは次の通りです。

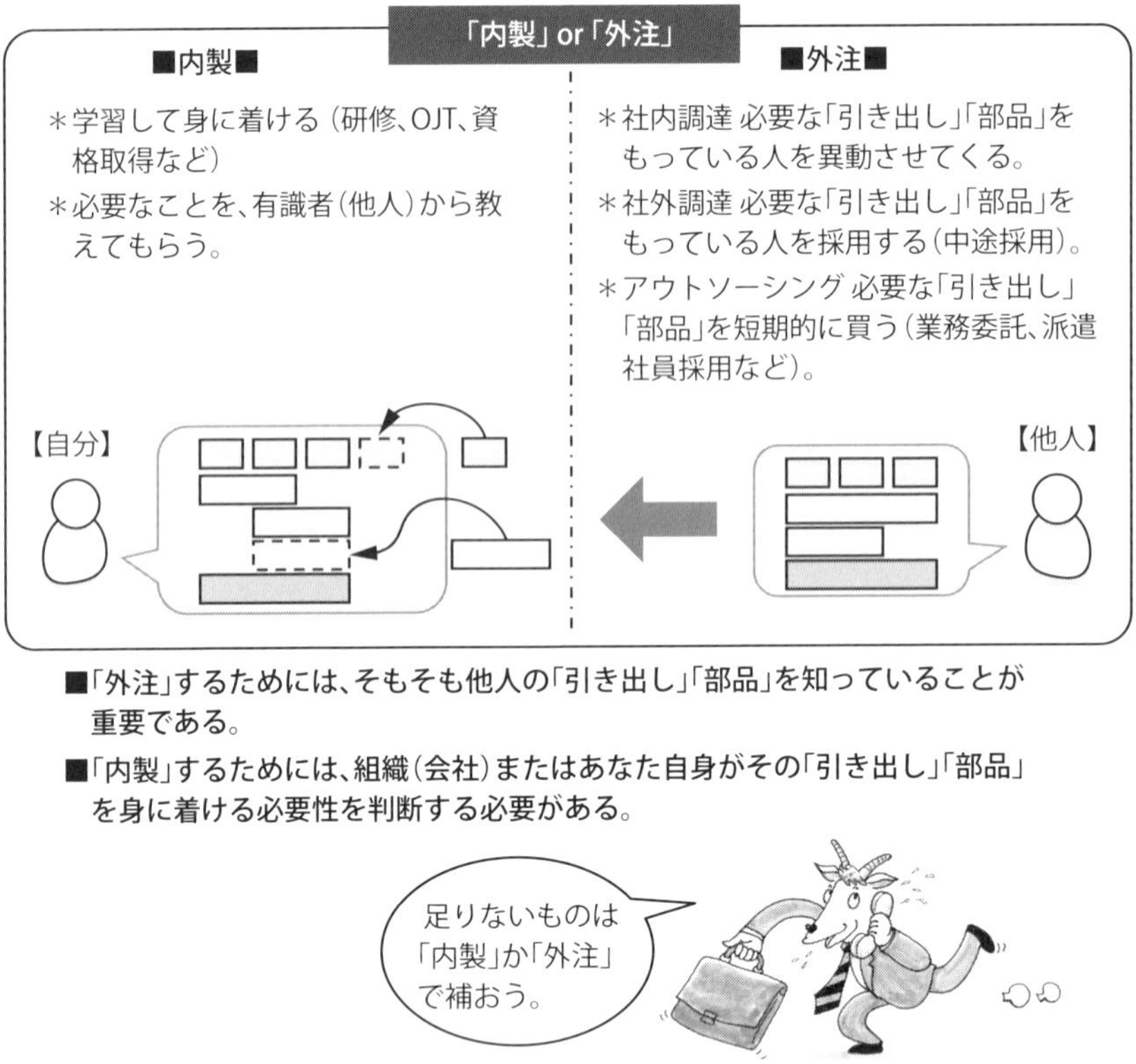

「内製」or「外注」
■内製■
＊学習して身に着ける（研修、OJT、資格取得など）
＊必要なことを、有識者（他人）から教えてもらう。
■外注■
＊社内調達 必要な「引き出し」「部品」をもっている人を異動させてくる。
＊社外調達 必要な「引き出し」「部品」をもっている人を採用する（中途採用）。
＊アウトソーシング 必要な「引き出し」「部品」を短期的に買う（業務委託、派遣社員採用など）。
【自分】
【他人】
■「外注」するためには、そもそも他人の「引き出し」「部品」を知っていることが重要である。
■「内製」するためには、組織（会社）またはあなた自身がその「引き出し」「部品」を身に着ける必要性を判断する必要がある。
足りないものは
「内製」か「外注」
で補おう。

図3-3　内製と外注のオプション

■学習して身に着ける（研修受講、ＯＪＴ、資格取得など）

■必要なことを、有識者（他人）に教えてもらう

外注のオプションは次の通りです。

■社内調達 ↓ 必要な「引き出し」「部品」をもっている人を異動させてくる

■社外調達 ↓ 必要な「引き出し」「部品」をもっている人を採用する（中途採用）

■アウトソーシング ↓

必要な「引き出し」「部品」を短期的に買う（業務委託、派遣社員採用など）

ここで注意したいのが、なんでもかんでも「内製」しようとしてしまうことです。すなわち、自分だけで解決しようと無我夢中になってしまうこと。（とくに血気盛んな人ほど、そうしてしまいがちです。）

内製のメリットは、身につけたものがあなた自身（そしてあなたが所属する会社）の資産（「引き出し」「部品」）になることです。反面、デメリットはそれを身につける時間、労力、コストがかかることです。

外注のメリットは、高い専門性をもった「引き出し」「部品」をすぐ調達できることです。（即戦力ですね。）デメリットは、あなた自身（そしてあなたが所属する会社）の資産（「引き出し」「部品」）にはならないことです。

「内製」するしないは、会社そしてあなた自身の必要性の判断によります。

さて、ここで「英語コミュニケーション能力」を「内製」（＝あなたがその能力を身につける）すべきかどうか？

「内製」の選択肢を取るのは、次の①②いずれかの場合でしょう。

①「会社」が…

早急性および費用対効果を勘案した上で（あるいは組織が今後目指す方向やあなたのキャリアを勘

案した上で）、その「引き出し」「部品」をあなたに持たせることを「良し」とした場合。

（例）「当社は今後グローバルビジネスを拡大していくので、社員に英語コミュニケーション能力の研修を積極的に受けさせましょう。」

②「あなた自身」が…

自分のキャリアを勘案した上でその「引き出し」「部品」を身につける時間やお金をかけることを「良し」とした場合。

（例）「今の職場では要求されないが、私自身が将来英語を使った仕事をしたいので、英語を勉強しよう。」

①であれば、あなたは会社の支援を受けることが可能でしょう（同時に責任も発生しますが）。②であれば、自分の時間やお金を使ってでもあなたがそれを身に着けるかどうかのみが問われます（あくまで自己責任）。

そして、①の方向に持っていきたいのであれば、あなたは会社に対してそれ相応の説明をすることが求められます。

「外注」するためには、そもそも他人の「引き出し」「部品」を知っていることが前提条件になります。実際、わたしは過去に3度、他社／他部署の人を自分の会社／プロジェクトに引っ張ってきまし

組み合わせスタディシート

氏名　草食　のどか　　記入日　2013/11/4

1. 組み合わせスタディ

No.	組み合わせ（「自分棚卸シート」で整理した「引き出し」「部品」の No. を記入する）										足りない「引き出し」「部品」有無		組み合わせで得られる価値「こんなことができそうだ」「こんなことがやりたい」
い	4（引き出し）	×	7-1（部品）	×	5-1（部品）	×	6-1（部品）	×	A, B（土台）	×	あり／なし（なし に丸）	=	国内販売会社向けの販売促進支援システムの企画。
ろ	4（引き出し）	×	7-1（部品）	×	1-3（部品）	×	A, B（土台）	×		×	あり／なし（なし に丸）	=	国内販売会社向けの、販売員への販売促進教育プログラムの企画提案。
は	4（引き出し）	×	7-1（部品）	×	B（土台）	×		×		×	あり／なし（なし に丸）	=	広報部に異動して、ブランド戦略の企画をやってみたい！
に	4（引き出し）	×	1-3（部品）	×	A, B（土台）	×		×		×	あり／なし（あり に丸）	=	化粧品会社に転職して、販売員向けの販売促進教育プログラムの企画提案をやってみたい！
ほ	4（引き出し）	×	7-1（部品）	×	1-3（部品）	×	A, B（土台）	×		×	あり／なし（あり に丸）	=	「海外」販売会社向けの販売促進支援システムの企画。

2. 足りない「引き出し」「部品」の整理

No.	足りない「引き出し」「部品」の記述		調達区分（※）	調達方法（どうやって手に入れるか？）
に	に 01	化粧品の業界知識。	内製	（1）本を買って勉強する。 （2）化粧品業界に勤務している大学時代の先輩やご近所さんなど、10 人に会って話を聞く。
ほ	ほ 01	英語コミュニケーション力。	内製	（1）本とリスニング教材を買って勉強する。 （2）会社の研修プログラムを利用し、週 1 回語学スクールに通う。

※調達区分：「内製」 または 「外注」を分類し記入してください。

●組み合わせスタディシート記入例（B）足りない「引き出し」「部品」の調達方法

た。わたしがリーダーをつとめたプロジェクトを成功させるために、どうしてもその人たちが持っていた「引き出し」「部品」が必要だったからです。その人たちの「引き出し」「部品」をわたしがよく知っていたからこそ、引っ張ってくることもできましたし、プロジェクトを成功させられました。

　外注の相手先（これからアサインしようとしている他部署の人物、中途採用しようとしている候補者、専門業者や派遣社員など）が要求する「引き出し」「部品」を兼ね備えているかどうか？　これを知っておく必要があります。（そうでないと、外注したはよいが、結局求める「引き出し」「部品」が得られなかった、あるいは期待したアウトプットが得られなかった、なんてハズレくじを引くことになります。）

　このシミュレーションを、「組み合わせスタディシート」でやると上の例のようになります。

［3］他人の「引き出し」「部品」を知る

自分資産（＝あなた自身の「引き出し」「部品」）の整理も大切ですが、他人資産（＝他人の「引き出し」「部品」）を整理して知っておくことも重要です。いざ、自分の足りない「引き出し」「部品」を「外注」で補う（＝他人から借りてくる）ときに、他人を知らなければ話にならないからです。

他人の「引き出し」「部品」を知るメリットは次の二つです。

①自分に足りない「引き出し」「部品」のありかを把握できる。

→　いざと言うときに「外注」を速やか、かつ確実に行う**ことができる。**

②（主に管理者やチームリーダが対象）チームのポテンシャル**（＝組み合わせにより創出し得る価値）を把握することができる。**

「引き出し」「部品」の棚卸も、ブレインストーミングのように他の人と複数名で実施することをお薦めします。自分と相手の「引き出し」「部品」を同時に整理して知ることができます。また、「いざ」というときに助け合う素地を作ることができます。

「あの人どんな人だっけ？」

これを知っておくことは、いざというときのあなたの助け舟になります（図3-4）。

他人（チームメンバー、同僚など）の「引き出し」「部品」を知る。
メリットは以下の２つ。

①自分に足りない「引き出し」「部品」のありかを把握できる。
⇒　いざと言うときに「外注」を速やかかつ確実に行うことができる。
②（主に管理者やチームリーダが対象）チームのポテンシャル（＝組み合わせにより創出しうる価値）を把握することができる。

■「引き出し」「部品」の棚卸しは、ブレインストーミングのように、複数名で実施することをお薦めします

⇒　自分と相手の「引き出し」「部品」を同時に整理し知ることができます。またコミュニケーションの活性化にもつながり、「いざ」というときに助け合う素地をつくることができます。

図3-4　他人の「引き出し」「部品」を知ろう

［4］自分の「引き出し」「部品」をアピールする

ここまでのエクササイズで、

■自分自身を棚卸してできた「引き出し」「部品」（および「土台」）のリスト
■「引き出し」「部品」（および「土台」）（＋足りないもの）の組み合わせバリエーション

を整理しました。

これでホッとしてはダメです。それを周りの人にアピールし、新しい仕事や、やりたい仕事をゲットしましょう。

アピールと言うと、いかにも肉食系のガツガツした響きに思われがちですが、そんなことはありません！　草食系には草食

系のやり方があります。

日本企業では自分をアピールすることを良しとしない、不得手とする人が多いような気がしてなりません。（わたしがグローバル企業に勤めた経験があるため、なおのことそう感じるのかもしれません。）これは実にもったいないことです。個人の貴重な「引き出し」「部品」が埋没してしまうことは、組織にとっても個人にとってもマイナスです。

・あなたがどんな「引き出し」「部品」を持っているのか？
・あなたが持っている「引き出し」「部品」を組み合わせたらどんな新しいことができるのか？
・あなたにこんな「引き出し」「部品」を足せば、こんなことができる！

新たなチャンスは、あなたのもとに勝手に舞い込んではきません。周囲へのアピール（情報発信）を考えましょう。

たとえば、あなたが「インターネットマーケティングをやっていた」という「引き出し」「部品」があり、そしてそのことを周りに知ってもらいたいとしましょう。

皆に知ってもらうにはどうしたらよいか？

わたしは次の五つのアプローチが有効だと考えています。

「草食系」が自分をアピールするためのアプローチ

①普段の業務の中で小出しにする

②定期的な上司とのキャリア面談などを活用する
③他人とブレインストーミングしてみる
④社内勉強会／事例発表会などを活用する
⑤社内Ｗｅｂサイト／ブログ／ソーシャルメディアなどを活用する

①は日常生活や通常業務の中でできる、⑤はわざわざやらなければいけない　…というように数値が大きくなればなるほど「わざわざ度」が増します。一つひとつ見ていきましょう。

①普段の業務の中で小出しにする

もっとも手軽、かつさりげなくできるアプローチです。チームの仲間や同僚、上司などとの普段の会話を通じて自分のことを知ってもらいましょう。

「わたし、以前インターネットマーケティングをやっていたことがあるんだよね…。」

といった具合に。

日常生活の中で、さりげなくかつ押しつけがましくなく、周りにあなたの「引き出し」と「部品」を知ってもらうことができます。日常会話のみならず、仕事のことであなたが周りの人から質問を受けたときなどもチャンスです。あなたが知っている事実（ファクト）に「自分の経験や知見」をさりげなく添えて回答しましょう。

たとえば、社内向けのＷｅｂサイトのデザインをどうしたらよいか？という質問をあなたが受けたとしましょう。そのときに、こういう答え方をしてはいかがでしょうか？

「ここのレイアウトはこうした方が一般的ですよ（ファクト）。でも、わたしがインターネットマーケティングをやっていた経験でいうと、むしろここをこうした方がよいと思います（自分の経験や知見）。」

　このような答え方をすることで、自分の「引き出し」「部品」を見せつつ、相手に付加価値を与えることができるのです。

　この、日常の機会をとらえて捉えてさりげなく自分の資産を「小出し」にすることを、わたしは**「戦略的チラリズム」**と呼んでいます。

　わたしの体験談を紹介しましょう。


　わたしは以前勤めていた会社（自動車会社）で、日本向けに作られた既存システムを英語化する仕事や、海外向けのシステムを立ち上げて利用促進する仕事をしていたことがありました。別の会社（情報サービス企業）に転職してからはまったく海外色のない仕事ばかりをしていましたが、過去わたしがやってきたことを日頃からチラチラ周りに話していました。

　そんなある日、関係部署の部長からこんな相談を受けました。

「あるサービスを海外にも売り込んでいきたい。パンフレットを英語にしたいのだけれど、沢渡さん、英語使ってお仕事していたんだよね？　どこか、翻訳してくれる業者さん知らないかなぁ？」

わたしは二つ返事で、「その翻訳、わたしがやりましょうか？」と答えて引き受けました。これは自分の「部品」「引き出し」をアピールする絶好のチャンスだと思ったのです。ご奉仕してでもアピールしておこう。後につながるはずだ、このように判断しました。

パンフレットを土日に英訳し、翌月曜日に納品しました。幸いなことに、このご奉仕が部長から好評価をいただけたようです。

その後、噂を聞きつけた（らしい）他の部署の部長からも「グローバル対応」に関するご相談やお仕事のお声が正式にかかるようになりました。

そして翌年、わたしは同じ社内で海外向けのサービス企画や運営のお仕事を任されました。いつか海外向けサービス企画をやりたいと思っていましたから、願ったりかなったりです。

積極的なアピールって苦手だ、企業文化的にもはばかられる…という方は是非この「戦略的チラリズム」を実践してみてください。そこからやりたい仕事にありつけるなど、意外な展開につながることもあります。

②定期的な上司とのキャリア面談などを活用する

最近では、多くの会社が「キャリア育成面談」を実施しています。会社の制度として上司があなたの話を聞いてくれる機会です。それを活用しない手はありません。

「以前インターネットマーケティングをやっていたことがあります。このような知識を得ました…。」

あなたの上司がそのことにどれだけ興味を示してくれるか、にもよりますが、うまくいけば関連する仕事を振ってくれたり、社内外から「インターネットマーケティング」に関連する相談があなたの上司のところにきて、あなたに相談を持ちかけてくれるかもしれません。

わたし自身、上司とのキャリア面談で「過去こんなことをやっていました」と話したところ、1年後に関連する他部署の業務に「支援」の形で貸し出されたことがあります。結果として新たな「引き出し」「部品」を増やすことができましたし、社内人脈も広がりました。

③他人とブレインストーミングしてみる

近しい仲間内などで、ブレインストーミングをやってみるのもよいかもしれません。お題目はなんでもよいのです。

「チームを活性化するためのアイディア出し」
「チームメンバーの強みや弱みを知るための意見交換会」
…など。

そのようなブレインストーミングの場で、「実はわたし、以前インターネットマーケティングをやっていたことがあるのですが…」という感じで、あなたの過去の経験や知見を周りに伝えるのもよいでしょう。

④社内勉強会／事例発表会などを活用する

あなたの職場では「社内勉強会」「事例発表会」など、職場内交流や知識交流を目的としたイベントが開催されていませんか？

このような場も、あなたの「引き出し」「部品」をアピールする絶好のチャンスです。

発表者として、「○○製品におけるインターネットマーケティング強化の取り組みと効果について」こんなお題でプレゼンテーションしてみてはいかがでしょうか？

このアプローチのよいところは、1対N形式で多くの聴衆にあなたの「引き出し」「部品」をPRできることです。

それだけではありません。プレゼンテーションすることには、実はもう一つ大きな利点があります。

プレゼンテーションするとき、たいていパワーポイントなどでプレゼン資料を作成しますよね。パワーポイント資料を作ることは、話したい内容を体系化する／ストーリー化することなのです。この「ストーリー化」そのものに価値があるのです。

まず、あなたのプレゼンテーションを聴く聴衆の頭の中に、あなたのやってきたことを「ストーリー」として体系的に印象づけられます。

そして後日、聴衆が（あるいは聴衆の「口コミ」などによりあなたのことを知った第三者が）「インターネットマーケティング」の知見を得たくてあなたにコンタクトしてきたとしましょう。

そのとき、あなたはいちいち過去を思い出す作業をしなくても、即座にそのパワーポイント資料を取り出して、「ストーリー」として相手に知見を伝えられます。あなたの「部品」が具体的かつ再現可能な形で整理されているためです。

この即時再現性とストーリー性が、パワーポイント化された情報の価値です。

中には「社内勉強会」「事例発表会」の発表を、持ち回りで強制的にやらされている職場もあるかもしれません。「やらされ感」で発表するのではなく、ここぞとばかりに引き受けて自分のＰＲに利用しちゃいましょう！

ただし、そのためにはあなたのやってきたことを「ストーリー化する力」と「プレゼンテーションする力」が必要になります。日頃から鍛えておきましょう！

⑤社内Ｗｅｂサイト／ブログ／ソーシャルメディアなどを活用する

不特定多数の多くの人にあなたのことを知ってもらう、もっとも有効なアプローチです。

ブログやソーシャルメディアについては、会社外への情報発信になるため、秘匿性やセキュリティポリシーなどの確認がまず必要です（ルール違反はダメ！）。その意味でやりやすいのは、社内Ｗｅｂサイト（イントラネットの全社ポータルなど）での情報発信です。

④でお話した、「社内勉強会」「事例発表会」などの模様を広報担当者に取り上げてもらって、社内Ｗｅｂサイトに掲載してもらうとよいでしょう。

「○○さん（あなたの名前）、インターネットマーケティングの取り組みと効果について事例発表」

…こんなタイトルであなたのことが社内ニュースに掲載されようものなら、しめたものです。あなたの知見を頼って、社内の思わぬ部署から問い合わせがあるかもしれません。

ただ自分の「引き出し」「部品」および「組み合わせ」を整理しただけではダメです。
それを周りの人にアピールし、自分を活かすチャンスをゲットしましょう。

- ①普段の業務の中で小出しにする
- ②定期的な上司とのキャリア面談などを活用する
- ③他人とのブレインストーミング（前述）の機会を利用する
- ④社内勉強会／事例発表会などを活用する
- ⑤社内Webサイト／ブログ／ソーシャルメディアなどを活用する

日常業務の中で ⇔ わざわざ～する

常日頃、機会を捉えて自分の資産を「小出し」せよ。⇒戦略的「チラリズム」

■なんでもないような日常にも、自分をアピールできる場面がある。
例）仕事のことで周りの人に質問を受けたとき 「Fact」＋「自分の経験や知見」を添えて回答しよう。
→　自分の「引き出し」「部品」を見せつつ、相手に付加価値を与えることができる。

自分のやってきたことをパワーポイントなどでストーリー化せよ

■自分の偉業をリマインドできる。体系化できる。
■「部品」をより具体的に（かつ再現可能な形で）整理できる。

戦略的「チラリズム」
&ストーリー力で自
分をアピール！

図3-5　自分の「引き出し」「部品」をアピールしよう

これであなたの「自分資産」の投資準備は完了です。

ここまでは準備フェーズ。ここから、実際に新しい仕事を通じて「自分資産」を使い、新たな「利益」（「引き出し」「部品」）を獲得して総資産を増やす「投資」、そして「回収」フェーズになります。

コラム

アピールの仕方に注意!~行き過ぎたアピールは自分をつぶす

自分の「引き出し」「部品」のアピールの仕方には注意が必要です!
次のような失敗例をわたしは目にしてきました。

■アピールしすぎた結果、実力以上の仕事を任されてつぶれてしまった

(特に日本企業では)過大すぎるアピールは禁物です。期待にこたえられなかった結果、あなたへの信頼度が低下する危険性もあります。(自分を追い込むやり方があっている人は、その限りではありませんが…。)

「私はこんなことができるぞ」ということを小出しにし、サービスベースでもよいので少しずつ実力を発揮して後に大きなチャンスをものにする…そんなアプローチがよいかもしれません。

■過去の経験や実績がハイライトされすぎた結果、自分の意志に反して異動先/転職先でもまた同じような仕事が回ってきてしまった

過去に3名、そういう人を実際に見かけました。(そして、わたしもそうなりそうだったこともあります。)システム関係の業務はもうやりたくないからSI企業から製造業に転職したのに、SI関係の実績や資格ばかりが目立ってしまって、転職先(製造業)でも結局システム担当に配属になってしまった…。
(その3名ともその後の努力で希望の部署に異動することができました。)

自分の「引き出し」「部品」を細かに棚卸することは重要ですが、無鉄砲なアピールのしすぎには御用心。出し方の強弱には注意が必要です!

コラム

「引き出し」「部品」の組み合わせ方〜トップダウンとボトムアップ

「引き出し」「部品」（「土台」）を組み合わせて、
①目先（現在）の仕事（タスク）をこなすことができそうか？
②どんな新しい仕事ができそうか？
③どんな新しい仕事がやりたいか？
をイマジネーションする上で有効な二つのアプローチを紹介します。

・トップダウンアプローチ
・ボトムアップアプローチ

トップダウンアプローチは、具体的な目標を先に定め、あなたの「引き出し」「部品」（「土台」）だけでは足りないもの、すなわちギャップを明確にするアプローチです。

■この仕事をクリアしなければならない！
■この仕事がやりたい！
■この部署に異動したい！
■この会社に転職したい！

このような目標をまず定めます。

次に、あなたの「引き出し」「部品」（「土台」）の組み合わせでどこまでその目標に到達できるか、のギャップを見ます。あまりにギャップが大きくて、実現性が低ければ「諦める」判断もありです。

(例)「この会社に転職するにはネイティブレベルのフランス語会話能力が要求される。ううん、無理かな…。」

このアプローチでは、ギャップを見極め、そのギャップをどう埋めるかを考えることが重要です。

これに対し、ボトムアップアプローチは「積み上げ型」、すなわち「引き出し」「部品」(「土台」)をあれこれと組み合わせてみて、何ができあがるかをシミュレーションするアプローチです。

■この引き出しと、この部品を組み合わせたら…あ、こんなことができそうだ。

こんな感じで組み合わせバリエーションをどんどん出していってください。やりたいことが思いつかない人、漠然としている人に向いているアプローチです。また、主観が入りづらいのもこのアプローチの特徴です。

トップダウンアプローチと違い「これがやりたい!」という感情が入らないので、組み合わせてみたら意外とこんなこともできることがわかった…でも特にやりたくはないけれど…というアウトプットが得られます。(この「特にやりたくないけれど、こんなことができそうだ」のバリエーションがたくさんある人ほど環境変化に強いです。)

トップダウンアプローチでやりたいことに対するフィージビリティを検証してみる。ボトムアップアプローチでやれそうな事を考えてみる。

この二つのアプローチをうまくつかって、組み合わせバリエーションを増やしていきましょう。

3-3

「投資」をする

「投資」は、「引き出し」「部品」を組み合わせて、あなたが新しい仕事（＝「投資対象」）にチャレンジすることです。

3-1節で、新しい仕事を手に入れるための準備（＝投資準備）をしました。ここでは、その準備の末にあなたがめでたく新しい仕事を手にしたとして、「さてどう振舞うか？」についてお話します。

〔1〕「引き出し」「部品」を組み合わせる

組み合わせるといっても、特別なことをするわけではありません。これまで整理した、

■**自分自身を棚卸ししてできた「引き出し」「部品」（および「土台」）のリスト**
■**「引き出し」「部品」（および「土台」）（＋足りないもの）の組み合わせバリエーション**

に沿って、あなた自身が過去にやってきたことを思い出しながら、そしてこれまで蓄えた知識やノウハウを駆使しながら、新たな仕事に取り組んでください。

〔2〕足りない「引き出し」「部品」を調達する

あなたの「引き出し」「部品」を組み合わせただけでは新しい仕事をクリアできそうにない場合、足りない「引き出し」「部品」を調達する必要があります。「投資準備の活動」で整理した、足りない「引き出し」「部品」のリスト、および調達方針（「内製」ｏｒ「外注」）に従って実際の調達活動を行います。「内製」とは、足りない「引き出し」「部品」をあなた自身の「引き出し」「部品」として新たに身につけることでした。「外注」とは、足りない「引き出し」「部品」を兼ね備える人をアサインすることでした。

「内製」オプションは、

■**学習して身につける（研修受講、ＯＪＴ、資格取得など）**

■**必要なことを、有識者（他人）に教えてもらう**

「外注」オプションは、

■**社内調達　→　必要な「引き出し」「部品」を持っている人を異動させてくる**

■**社外調達　→　必要な「引き出し」「部品」を持っている人を採用する（中途採用）**

■**アウトソーシング　→　必要な「引き出し」「部品」を短期的に買う（業務委託、派遣社員採用など）**

…と並べ立てるのはたやすいですが、いずれのオプションも会社（組織）にとって金銭的負担（キャッシュアウト）を伴うものばかりです。すなわち、あなたは会社（組織）に実行判断／投資判

［1］「引き出し」「部品」を組み合わせる
［2］足りない「引き出し」「部品」を調達する
⇒「組み合わせ」で、直面するタスクをクリア／新たなことにチャレンジしよう。

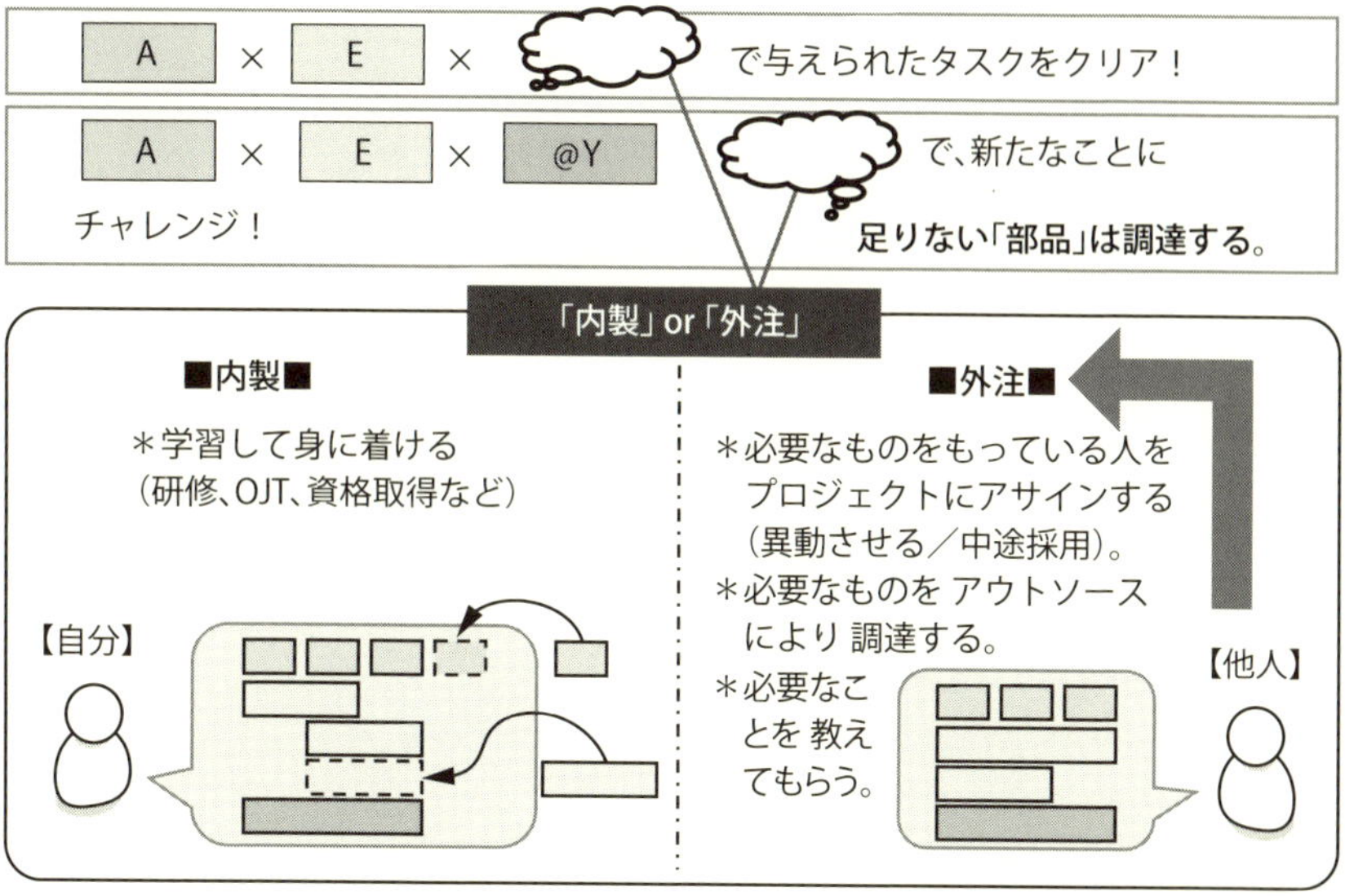
A × E × で与えられたタスクをクリア！
A × E × @Y で、新たなことにチャレンジ！
足りない「部品」は調達する。
「内製」or「外注」
■内製■
＊学習して身に着ける
（研修、OJT、資格取得など）
【自分】
■外注■
＊必要なものをもっている人をプロジェクトにアサインする（異動させる／中途採用）。
＊必要なものを アウトソースにより 調達する。
＊必要なことを 教えてもらう。
【他人】

図3-6　足りないモノは「内製」か「外注」で補う

断を求めなければなりません。

いずれのオプションをとる場合でも、その「目的」や相応の「費用対効果」などを説明することが求められます。そのためには、次の二つの能力を磨いておく必要があります。

■ストーリー構築力
■プレゼンテーション能力

あなたは、その「引き出し」「部品」が足りていないという事実（ファクト）をまず説明する必要があります。そして、仕事の目的を達成するためになぜその「引き出し」「部品」を調達する必要があるのか、さらにはなぜその調達オプションが組織にとって最適と考えるのかを定量的、定性的に説明しなければなりません。

■内製オプション

（1）必要な「引き出し」「部品」を学習して身につける（研修、OJT、資格取得等）。
（2）必要なことを、有識者（他人）から教えてもらう。

■外注オプション

（1）社内調達
必要な「引き出し」「部品」をもっている人を、プロジェクトにアサインする。
（2）社外調達
必要な「引き出し」「部品」をもっている人をアサインする（中途採用）。
（3）アウトソーシング
必要な「引き出し」「部品」を短期的に買う（業務委託、派遣社員採用など）。

※いずれも、会社にとって金銭的負担を伴うものばかり。
⇒調達する「目的」や相応の「費用対効果」などを説明することが求められる。
⇒「ストーリー構築力」「プレゼンテーション能力」が必要。

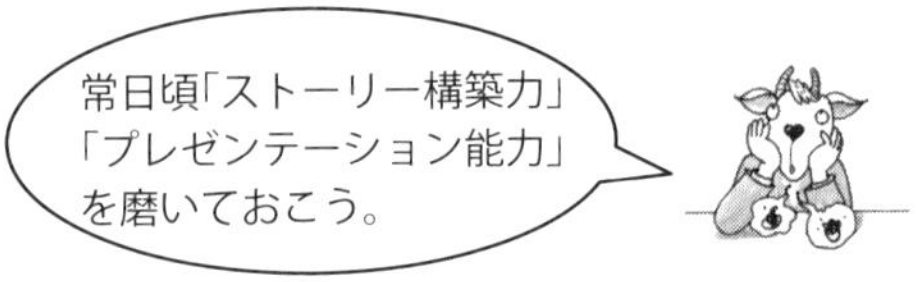
常日頃「ストーリー構築力」
「プレゼンテーション能力」
を磨いておこう。

図3–7　「内製」と「外注」のオプションの整理

このような説明をうまく行い、会社（組織）に判断をしてもらうためには「ストーリー構築力」と「プレゼンテーション能力」が欠かせないでしょう。

「ストーリー構築」「プレゼンテーション」の重要性についてはすでに述べましたが、キャリアアップを目指すビジネスパーソンにとって、これら二つのスキルは必要不可欠と言っても過言ではないと思っています。

（※「ストーリー構築力」「プレゼンテーション力」を高めるコツは、「英語で働け！サラリーマン読本」（日刊工業新聞社刊）で詳しく解説しています。）

このように、新しい仕事に対してどんどんパフォーマンスを発揮しましょう。

コラム

転職／異動の面接時に、面接官は何を重視するか？

異動や転職の面接のとき、面接官はあなたの何を重視しているでしょうか？
わたしの知っている、とある会社の人事担当者によると、

■あなたが「何をしてきたか（過去の体験）」ではなくて、
■あなたが「それ（過去の体験）を新しい環境で再現することができるかどうか」を見ているそうです。

言われてみれば当たり前のことですよね。過去と１００％同じ環境はあり得ませんし、会社や部署が異なればなおさら環境差異は大きくなるでしょう。

面接官の要求を満たす（？）ためには、

■あなたの過去が必要に応じて利用可能な状態になっているか？（部品化・ノウハウ化・ストーリー化できているか？）
■あなたの「引き出し」「部品」の組み合わせで、更なる価値を発揮することができそうか？
■あなたに足りていないものは何で、それをどう補えばあなたが新しい会社／部署でパフォーマンスを発揮することができそうか？

これをうまく相手（面接官）の頭の中に描いてあげる必要があります。「ストーリー構築力」「プレゼンテーション力」はこういう場面でも重要です！

コラム

そうは言っても「引き出し」「部品」が見つからないあなたへ

「どうしても引き出し、部品が思いつかないんです…。そもそもたいした仕事してきていないし、どうしましょう⁉」

そんなときは、思いきって学生時代あるいはプライベートの自分を振り返ってみましょう。

わたしが開催している、キャリアマネジメントの研修会の受講者の例です。

その方は、業務外でボランティア活動をなさっていました。幹事メンバーとして、自治体とタイアップしてさまざまな地域イベントを企画して運営してきたとのこと。

これを「引き出し」「部品」にしないのはもったいないですよね！

■自治体との折衝や調整能力
■イベント企画の経験や能力
■イベント運営の経験や能力

これらの能力は、ビジネスでも役立つ貴重な「引き出し」「部品」になります。

ネタがなくて困ったら、学生／社会人、プライベート／ビジネスの垣根を取り払って考えてみましょう。

「草食系」だからこそ、学生時代やプライベートの自分をもネタにし、使えるものは何でも使うのです！

3-4

「回収」をする

「回収」とは、あなたが新しい仕事を通じて得た（増えた）経験・実績・失敗・苦労・スキルを「引き出し」「部品」として、あなたの「自分資産」ラインナップに新たに追加することです。（新しい仕事をやりっぱなしではダメです。）「回収」フェーズでは次の二つを行います。

〔1〕自分の「引き出し」を再整理する
〔2〕自分の「部品」のラインナップを追加する

ここでやることは、第2章で説明した内容と全く同じです。（よってここでの詳しい説明は省略します。）

新たな取り組みやチャレンジをした結果、増えた自分の「引き出し」「部品」「土台」を再整理し、リストに追加してください。

増えた「引き出し」「部品」「土台」は、あなたが投資活動の結果として得た「利益」に他なりません。確実に「回収」し、あなたの自分資産（総資産）を増やしてください。（くれぐれも、取りっぱぐれないようにしてくださいね！）

「回収」活動、すなわち「引き出し」「部品」「土台」の再整理を行う頻度は、年に1回程度でよいと思います。

それ以上の高頻度でもよいのですが、実際みなさん日々の仕事でお忙しくて、自分の振り返りなんてしていられないでしょう。忙しいときは後ろを振り返らずに仕事に専念すべきです。「草食系」はそれ以上の無理は禁物！　年1回、プロジェクトなどの区切りがついて一段落した後や、業務繁忙期の後などの「落ち着いた」頃合を見計らってリラックスして振り返ってみましょう。

「喉元過ぎれば熱さを忘れる」ということわざがありますが、「喉元過ぎた頃に、熱さを冷静に思い出して整理する」くらいの感じがよいのではないでしょうか。

わたしは、価値ある経験は得てして「振り返り」によって生成されるものだと思っています。仕事に対して一生懸命になっているときには、その経験の価値まではわからないものです。とにかく目の前の仕事を進めることで精一杯ですから。むしろ後から振り返ってみて「あのときやったことは価値のあることだったのだ」と認識する…そういうものだと思います。だから「振り返り」はとても大切なのです。

定期的に自分の振り返り＝「引き出し」「部品」の棚卸しをしましょう。

ところで、ここまで読み進めてきて「おや」と思われた方がいらっしゃるかもしれません。序章

[1] 自分の「引き出し」を再整理する
[2] 自分の「部品」のラインナップを追加する

⇒新たな取り組み／チャレンジをした結果、増えた自分の「引き出し」「部品」を再整理し、棚卸ししよう。

※年に１回程度、棚卸しすることをお薦めします。（プロジェクトの立ち上げが終わって一段落した後、業務繁忙期の後など、「落ち着いた」時期がよいでしょう。）
⇒喉元過ぎた頃に、熱さを冷静に思い出して整理する。

※価値ある経験というものは、得てして「振り返り」によって生成されるものです。
定期的に振り返りと棚卸しをしましょう。

価値ある経験というものは得てして「振り返り」によって生成されるものである。

図3-8　回収と再整理

で、この本は「強い人」（＝無我夢中で仕事を頑張っている人、キャリアアップしたい人、チャンスがほしくてうずうずしている人）、「弱い人」（＝「仕事に疲れた」「自分に自信がない」「仕事が自分にあわない」人）のどちらも対象にしていると言っていたよな…。そもそも「弱い人」が、バリバリとパフォーマンスを発揮して自分資産（総資産）を増やすなんてできるのだろうか？

わたしはこう考えます。

「弱い人」（＝あるいはあなたが弱っているとき）は無理に自分資産（総資産）を増やすことを考えなくてもよいのです。目先の仕事を、現在の自分資産（「引き出し」「部品」）を使うことで淡々とクリアする。それだけで十分。（もちろん、結果として何らかの新たな「引き出し」「部品」が得られればそれはラッキーなので、きちんと振り返りをすることをお薦めしますが。）

「強い人」（＝あるいはあなたが強いとき）は、新しい仕事にチャレンジして、新しい「引き出し」「部品」を獲得し、自分資産（総資産）をどんどん増やしていけばよいでしょう。

「肉食系」の人は常にスロットル全開で、深夜残業も休日出勤もいとわず年中バリバリと仕事してキャリアアップしています。「草食系」のわたしたちはそこまで無理しすぎる必要はありません。強いときと弱いときに応じて、自分資産をうまく運用しながら、細く長くキャリアマネジメントしましょう。

コラム

価値ある経験は、ふとした会話からも生成される！

「あれ⁉　君、そんなことをしていたの？」

過去の、わたしと上司との日常会話のワンシーンです。昼休みの時間だったでしょうか。

「前職ではこんなことをやっていました」という話をしていたところ、ある業務の経験に対して、上司が予想外に驚いたのです。

わたし自身、その経験は特筆すべきものではなく、日常的な仕事の一つにすぎないものだと思っていたのですが（よって、その会社に転職する時にも詳しく話していませんでした）、上司にとっては光るものだったのですね。

その数ヵ月後、わたしは会議室に呼ばれ、ある新規プロジェクトのリーダーにアサインされました。

そのプロジェクトでは、わたしが取るに足らないと思っていた過去の経験がフルに生きました。

あのときの上司とのふとした会話が、わたしの取るに足らない（と思っていた）経験を価値ある経験に変えてくれたのです。

まるで錬金術！

価値ある経験は、ふとした会話から後づけで生まれることもあるのだな…と実感しました。（もちろん、それを引き出してくれた当時の上司には大変感謝しています。）

やはり、人とのコミュニケーションって大事ですね。

3-5 チーム全体のパフォーマンスを向上させる／価値を高める

このフェーズは、主に管理者やチームリーダーの方が対象です。

組織を束ねる管理者やチームリーダーは、チームメンバー全体の「資産」（＝「引き出し」「部品」）を把握し、チームメンバー同士の組み合わせによる新たな価値創造を考えて促進しましょう。このフェーズの活動は次の三つです。

［1］メンバーを「部品化」する

［2］メンバーの「引き出し」を再整理する

［3］メンバーの「引き出し」「部品」の組み合わせで得られる新たな価値を想像・創造する

もう少し細分化しましょう。次の四つの活動を行ってください。

①SWOT分析を行い、自分のチームの強み・弱み・脅威・機会を整理する

②メンバーの「引き出し」「部品」を整理する

③メンバーの「引き出し」「部品」を組み合わせることで、チームがどんな新たな価値を生み出すことができるかを想像・創造する

④チームに足りない「引き出し」「部品」を洗い出し、調達する

①ＳＷＯＴ分析を行い、自分のチームの強み・弱み・脅威・機会を整理する

メンバー個別の分析も重要ですが、チームとして何が足りていないかを分析し、把握することが重要です。メンバー一人ひとりの「引き出し」「部品」を整理することが「木を見ること」であるならば、ここでは「森を見ること」をします。

チームのＳＷＯＴ分析をし、強み（Strengths）、弱み（Weaknesses）、機会（Opportunities）、脅威（Threats）を把握しましょう。ここで洗い出された、弱み（Weaknesses）と脅威（Threats）があなたのチームに足りていない「引き出し」「部品」です。

わたしもここ最近は年に1回、年度末に必ずチームのＳＷＯＴ分析をするようにしています（年度の業務振り返りも兼ねて）。そこで明確になった、チームに足りない「引き出し」「部品」をどう補うかを考え、翌年度の業務計画に反映します。

②メンバーの「引き出し」「部品」を整理する

チームリーダーであるあなたは、自分自身のみならずチームメンバー一人ひとりの「引き出し」

メンバーを「引き出し」を整理する
メンバーの「部品化」する
メンバーの「引き出し」「部品」の組み合わせで得られる新たな価値を想像・創造する

(1) SWOT 分析を行い、自分のチームの強み・弱み・脅威・機会を整理しよう。
　⇒　チームに何が足りていないかを把握する。
(2) メンバーの「引き出し」「部品」を整理しよう。
(3) メンバーの「引き出し」「部品」を組み合わせることで、チームがどんな新たな価値を生み出すことができるかを想像・創造しよう。
(4) チームに足りない「引き出し」「部品」を洗い出し、調達しよう。

図3-9　チームリーダーのための「引き出し」「部品化」活動

「部品」を把握しておきましょう。やり方は第2章で説明した内容と同じです（よってここでの詳しい説明は省略します）。

③メンバーの「引き出し」「部品」を組み合わせることで、チームがどんな新たな価値を生み出すことができるかを想像・創造する

チームメンバー同士の「引き出し」「部品」を組み合わせてみたら、チームとしてどんな新しいことができるか？　組み合わせてどんなことをやりたいか？

その組み合わせバリエーションを考えて実践しましょう。「チームメンバー同士の化学反応」を誘発し、新たな価値を生み出す…それがチームリーダーの役割です。

やり方は3-2節でお話した内容と同じです。（よってここでの詳しい説明は省略します。）

④チームに足りない「引き出し」「部品」を洗い出

し、調達する

①のＳＷＯＴ分析で洗い出した弱み（Ｗｅａｋｎｅｓｓｅｓ）と脅威（Ｔｈｒｅａｔｓ）を、チームに足りない「引き出し」「部品」にブレークダウンしましょう。そして、その「引き出し」「部品」をどう補うか（調達するか）を考え、実際に補う活動（調達）をしましょう。

やり方は3-2節で説明した内容と同じです。（よってここでの詳しい説明は省略します。）

この章のまとめ

(1) 自分資産を組み合わせることで、どんなことができるかを想像しておこう。
(2) 足りないものは「内製」か「外注」で補おう。
(3) 他人資産を「知る」ことも重要。
(4) 戦略的「チラリズム」＆ストーリー力で自分をアピールしよう！
(5) 常日頃「ストーリー構築力」「プレゼンテーション能力」を磨いておこう。
(6) （管理者やチームリーダーは）チームメンバーの自分資産を知り、組み合わせで得られる新たな価値を想像・創造しよう。

第 4 章

「自分メニュー」を整理せよ!

〜転職・異動のチャンスを逃さないために〜

【この章で学習すること】

転職・異動など具体的なキャリアアップの一歩を踏み出したい人のための「次の一手」を学習します。転職や異動経験のない（少ない）「草食系」のわたしたちが、いきなり職務経歴書を書いて面接に挑むのはちょっと待った！　まずは自分の「ウリ」を整理しましょう。そのための「自分メニュー」を作ります（[付録3] を使います)。お蕎麦屋さんのメニューに倣い、自分自身を売るための整理法を勉強しましょう。

「肉食系」は
⇓派手な自己PRで自分を売り込む。
「草食系」は
⇓「自分メニュー」を作って、しなやかにPRしましょう！

4-1

「自分メニュー」を作ろう

ここまでは、いわばキャリアアップにチャレンジするための材料を揃えた段階。材料を選別し、自分を製品として「どう売るか？」を考えるのが次のステップです。

「肉食系」ビジネスパーソンのような豪華絢爛な材料がなくたって、十分に自分を売ってキャリアアップすることは可能です！

舞い込んできた転職や異動のチャンスを逃さないよう、しっかりと準備しておきましょう。

■お蕎麦屋さんだけじゃない。ビジネスパーソンもメニューを作ろう！

「お蕎麦屋さんにはメニューが必ず置いてあるのに、なんでわたしたちビジネスパーソンはメニューを作らないのだろう？」

これ、わたしの素朴な疑問でした。

お蕎麦屋さんの店頭やテーブルには必ずメニューがおいてありますよね。お客さんはメニューを見て「へえ、このお店は鴨南蛮ができるんだ。」「お、地酒が置いてある！」と、そのお店の「できること」を知り注文します。

お蕎麦屋さんがただそこにあるだけでは何の価値もありません。「メニュー」があって、初めてお客さんにそのお店が提供できる価値を知ってもらうことができるのです。

わたしたち草食系ビジネスパーソンもメニューを作りましょう。題して「自分メニュー」！

「自分メニュー」とは、あなたが何をできる人なのか？　を示すリストです。

蕎麦処　あまね庵（もちろん架空の店）

本場信州・戸隠のお蕎麦を、江戸創業以来の特製のつゆでお召しあがりいただきます。

■おそば
かけそば……600円
もりそば……800円
天麩羅そば……1,200円

■おつまみ
冷やっこ……300円
板わさび……400円

■ご飯もの
親子丼……600円
カツ丼……800円

■お飲み物
日本酒……500円
芋焼酎……500円

※出前迅速。
※一品から出前致します。

なのに、なぜビジネスパーソンにはメニューがないの？

わたしたち草食系ビジネスパーソンも「自分メニュー」を作りましょう。

図4-1　お蕎麦屋さんには必ずメニューがある

「えっ？　さっき作った『自分棚卸しシート』や『組み合わせスタディシート』と何が違うの？　あれで十分じゃない？」

その疑問、ごもっともです。しかし、残念ながら転職・異動にチャレンジしたいのであれば「自分棚卸しシート」「組み合わせスタディシート」を揃えただけでは不十分。なぜなら、「自分棚卸しシート」「組み合わせスタディシート」は自分自身のための振り返り資料でしかないからです。

「自分棚卸しシート」「組み合わせスタディシート」

は、あくまで今までのあなたが何をしてきて、どんな可能性があり、何が足りないのか、何ができそうかを、自分自身で整理するためのものです。料理で譬えるなら、材料一覧とレシピ。

これに対し、「自分メニュー」はあなたが具体的に何をできるか、すなわちあなたの「ウリ」を相手に示すためのものです。

お蕎麦屋さんの例で言うと、材料一覧とレシピは厨房で働く人にとっては欠かせない内部資料です。ところが、それらはお客さんには何の価値もない。お客さんは材料一覧やレシピを見せられても困ってしまうでしょう。

これと同じです。お客さん向けには「メニュー」が必要なのです！

※ただし、「自分メニュー」も基本的にはあなた自身の手元資料として使い、直接相手（面接官など）には見せません（これがお蕎麦屋さんのメニューとの大きな違いです）。相手に見せる職務経歴書などを作るためのネタ出しに用います。詳しくは4-2節で解説します。

■**「自分棚卸しシート」「組み合わせスタディシート」**

↓　今までのあなたが何をしてきて、どんな可能性があり、何が足りないのか、何ができそうかを自分自身で整理するための「内部資料」。

■**「自分メニュー」**

↓　今のあなたが具体的に何をできるのかを示す「外向け資料」。

今現在、転職も異動も考えていなければ、「自分棚卸しシート」と「組み合わせスタディシート」を持っておくだけで十分です。しかし、転職・異動など自分を商品としてアピールする必要性に迫られた場合、あなたは自分の軸を決めて何ができるかを示すことが求められます。自分の軸の決定。自分自身の「選択」と「集中」。それが「自分メニュー」を作る意味なのです。

■「自分メニュー」の構成要素

「自分メニュー」は大きく次の三つの要素で構成します。

［1］自分の「できること」
［2］自分の「強み」
［3］自分の「キャッチコピー」（＝自分の「軸」）

お蕎麦屋さんのメニューを再度見てみましょう（図4-2）。

このように、お客さんを惹きつけるには「キャッチコピー」「できること」「強み」の整理が必須です。

さあ、いよいよあなたオリジナルの「自分メニュー」を作ります。

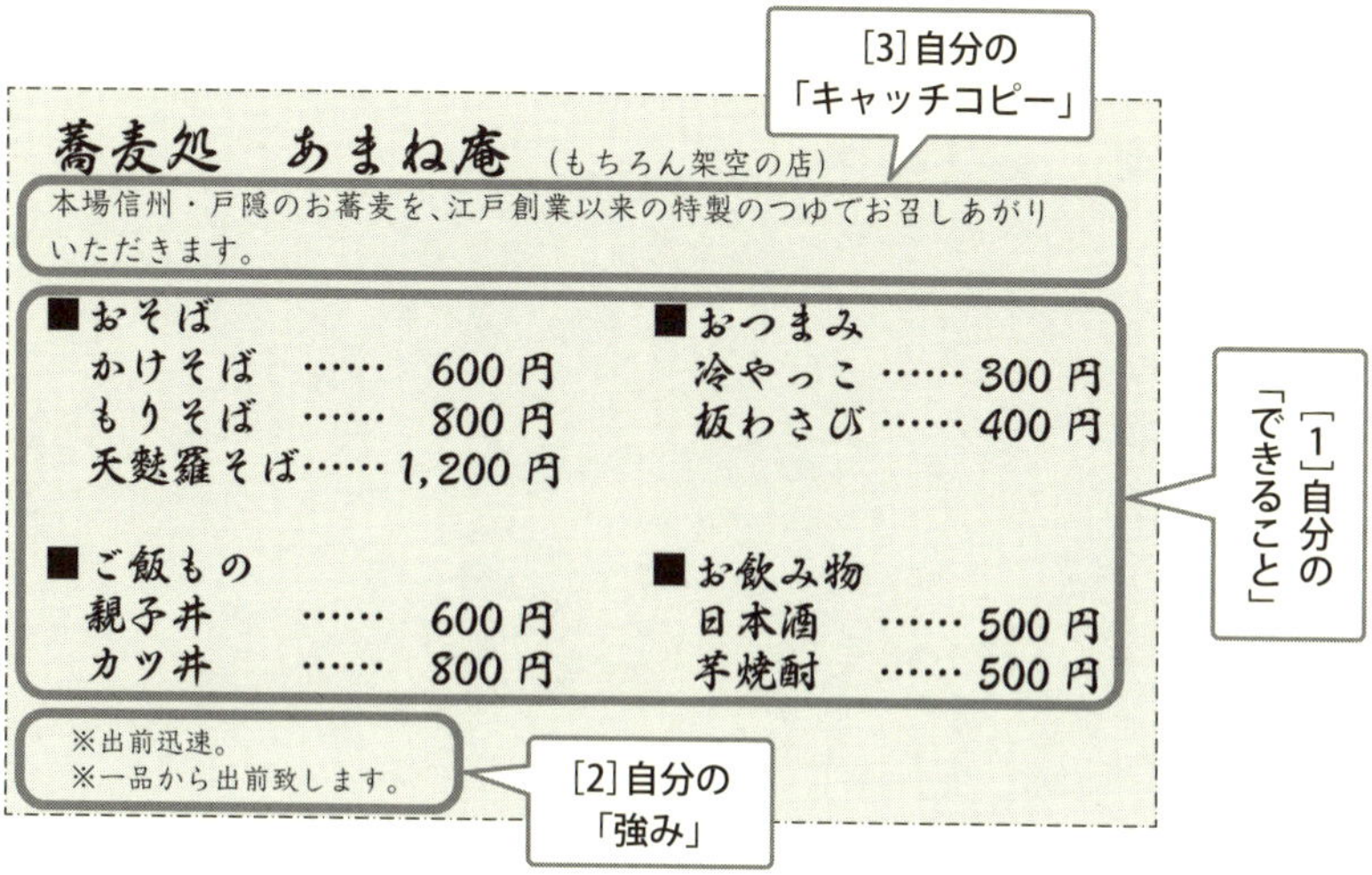

蕎麦処　あまね庵（もちろん架空の店）
本場信州・戸隠のお蕎麦を、江戸創業以来の特製のつゆでお召しあがりいただきます。
■おそば
かけそば ……　600円
もりそば ……　800円
天麩羅そば……1,200円
■おつまみ
冷やっこ……300円
板わさび……400円
■ご飯もの
親子丼 ……　600円
カツ丼 ……　800円
■お飲み物
日本酒 ……500円
芋焼酎 ……500円
※出前迅速。
※一品から出前致します。
[3]自分の「キャッチコピー」
[1]自分の「できること」
[2]自分の「強み」

図4-2　お蕎麦屋さんのメニューの構成要素

お手元に、次の二つのシートと筆記用具を用意してください。

・「自分棚卸しシート」（第2章の活動を通じて記入済のもの）
・「自分メニュー」（ブランクフォームは巻末「付録3」）

「自分メニュー」は次の手順で作ります。

①「できること」を整理する（「自分棚卸しシート」に書き出した「自分資産」を取捨選択する）
②「強み」を決める
③「キャッチコピー」を決める

①「できること」を整理する

まずは自分の「自分メニュー」の「できること」欄を埋めます。インプットとなるのは、第2章で記

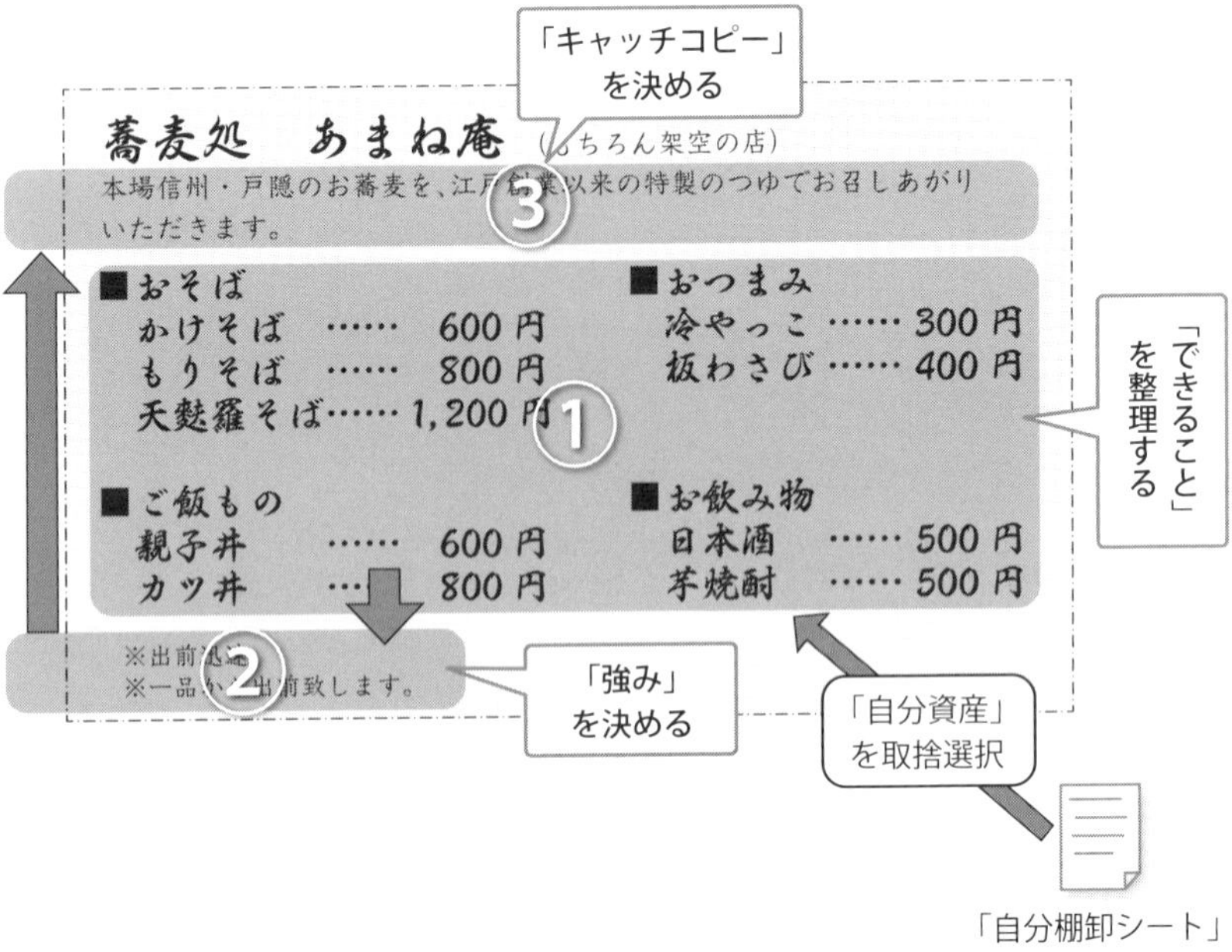
「キャッチコピー」を決める
蕎麦処　あまね庵
ちろん架空の店)
本場信州・戸隠のお蕎麦を、江戸創業以来の特製のつゆでお召しあがりいただきます。
3
■おそば
かけそば　……　600円
もりそば　……　800円
天麩羅そば……1,200円
■おつまみ
冷やっこ……300円
板わさび……400円
1
「できること」を整理する
■ご飯もの
親子丼　……　600円
カツ丼　……　800円
■お飲み物
日本酒　……500円
芋焼酎　……500円
※出前
※一品か　出前致します。
2
「強み」を決める
「自分資産」を取捨選択
「自分棚卸シート」

図4-3　お蕎麦屋さんメニューの構成要素を「自分メニュー」に置き換える

入済の「自分棚卸しシート」。あなたが書き出した「自分資産」（＝「引き出し」「部品」）を情報源に、次の三つのことをしましょう。

(a)ジャンル分けする
(b)ジャンル毎に「できること」をサマリーする
(c)ターゲット（応募先）に合わない情報を捨てる

第2章で登場した、「自分棚卸しシート（著者のデータ）」の内容を例に説明します。なお、ここでは「わたし（沢渡）が転職を希望していて、ある会社のITアウトソーシングの購買担当者のポジションに応募する」ケースを想定してみます。

ⓐジャンル分けする

お蕎麦屋さんのメニューが「おそば」「ご飯もの」「おつまみ」「お飲み物」とジャンル分けされているように、「自分メニュー」でもあなたができることがどんなジャンルなのかを分類します。ジャンル＝業務分類や能力の種類（語学力・テクニカルスキル・マネジメントスキルなど）くらいに考えればよいでしょう。できる限り相手がわかりやすいジャンル分けをしましょう。

ここでは、

「購買業務（バイヤー業務）」
「購買業務（企画業務）」
「グローバルシステム企画導入」
「英語コミュニケーション力」

をジャンルとして設定してみました。

ⓑジャンル毎に「できること」をサマリーする

ⓐで分類したジャンル毎に、「できること」をサマリーします。「サマリー」ですから、「自分棚卸しシート」の内容をただそのまま転記したのではダメです。メニューですから簡潔にまとめましょう（**図4-4**）。

はい、「できること」のできあがり！

【インプット】「自分棚卸しシート」に書き出した「引き出し」と「部品」

2. 引き出し
（経験した業務分野や領域、取得した資格など）

No.	「引き出し」の記述	土台 No.	分類（※）
1	IT購買（バイヤー）	A	Special
2	IT購買（戦略企画）	A	Special

3. 部品
（経験や実績、成功（失敗）体験や苦労、得たノウハウや知識、など）

No.	「部品」の記述
1-1	1 億円以上の大規模 IT アウトソーシング案件の RFP ／入札の企画運営／ベンダー選定を 30 件以上行った。
1-2	入札の運営効率化のため、スケジュール／各判断基準／メール通知などをテンプレート化した「入札パック」を作成した（10 時間／1 件 → 3 時間／1 件に削減できた）。
1-3	社内外の役員や部課長クラスと渡り合う、度胸・マナー・調整能力が身についた。
2-1	IT アウトソーシングのオフショア発注推進の旗振り。インド・中国のベンダーを新規開拓し、社内 10 プロジェクトに適用した（総額○億円規模）。
2-2	IT アウトソーシングのオフショアの成功要因・失敗要因とノウハウが身についた。
2-3	IT アウトソーシング領域のベンダー評価基準を、情報システム部門の部課長と調整しながら作成した。

(a)ジャンル分けをする。
(b)ジャンル毎に「できること」をサマリーする。

【アウトプット】「自分メニュー」の「できること」欄

2. できること

ジャンル	購買業務（バイヤー業務）
できること	IT アウトソーシングのベンダー評価と選定。（RFP ／入札の企画運営／ベンダー選定）
	IT アウトソーシングの購買プロセスの設計とオペレーション管理。
	⋮
	⋮

ジャンル	グローバルシステム企画導入
できること	海外子会社（100ヶ国）向け販売情報管理システムの要件策定／導入と活用促進。
	販売情報管理システム（画面やメッセージ）の英語化。
	海外子会社向け販売情報管理システムのグローバルヘルプデスク（英語）の立ち上げとオペレーション管理。
	⋮

ジャンル	購買業務（企画業務）
できること	オフショア（海外）ベンダーの開拓と活用促進。
	オフショア（海外）ベンダーの開拓と活用促進。
	BPO（ビジネスプロセスアウトソーシング）の仕組みの立ち上げ、運用コスト削減。
	⋮

ジャンル	英語コミュニケーション力
できること	海外（米／欧）の IT ベンダーとの価格交渉。
	TOEICXXX 点。
	英検○級。
	⋮

図4-4 「自分棚卸しシート」から「自分メニュー」へのジャンル分け

ここでみなさんは二つの疑問を持たれたかもしれません。

「シンプルすぎない？」

「専門用語が多すぎて、意味がわからなくない？」

お答えします。

まず、シンプルすぎるくらいの方がよいのです。メニューですから。もちろん、あなたの実績やノウハウを事細かに説明するためには「その仕事はどんな内容で」「どんな規模ものので」「あなたはどんな立場で何をしたか」…などの情報が必要ですが、メニューとしてはこのレベルの整理で十分だと思います。

これは料理のメニューと同じです。メニューには簡潔なタイトルが載っているだけで、調理法や成分などの細かいことを知りたければお店の人に聞いて教えてもらいますよね。「自分メニュー」も、あなたの売りもの（＝絞り込んだ軸）を示した一覧だと思ってください。

次に「専門用語」ですが、わかる人にはわかるように整理されていればよいです。

転職も異動もターゲット（相手）が具体的に定まっていますよね。転職であれば同じ業界あるいは業種などで、異動であれば同じ社内でしょう。業界用語、専門用語、社内用語が通じる相手であれば、無理にそれをそぎ落とす必要はありません。老若男女さまざまなお客さんを相手にするお蕎麦屋さんとは事情が異なります。

また、「自分メニュー」はそのまま相手（面接官）に見せるものではありません。相手に見せるのは、あくまで規定された職務経歴書など。「自分メニュー」は職務経歴書を書く前に、自分の軸を絞り込むためのツールです。相手に合わせた表現のアレンジは、職務経歴書を書くときに考えればよいのです。

ⓒターゲット（応募先）に合わない情報を捨てる。

あなたが次にすべきは、情報を捨てることです。具体的には、「自分メニュー」の「できること」欄に書いた情報のうち、ターゲット（応募先）に合わないと思われる情報はすべて削除します。

「ええっ！　せっかく一生懸命棚卸した自分の資産を捨てちゃうの？　もったいない！　自分をたくさんアピールしたいのに…」

その気持ち、よくわかります。しかし、転職・異動の職務経歴書や面接で、なんでもかんでもアピールするのはマイナスに働くことが多いのです

とくに転職の場合、相手があなたに求めているのは即戦力です。何でも屋さんではなく、すぐに専門性を発揮できるかどうかがポイントなのです。（ただし、若手の場合はポテンシャルで採用されることもあります。）

よって、ターゲット（応募先）の職種・ポジション・要件を軸に、あなたの「できること」「アピールしたいこと」を絞り込んでおきましょう。さもないと、あなたの職務経歴書や面接での受け答えは、ピントの合っていない写真のようにぼやけてしまうのです。

転職や異動慣れをしていない「草食系」のわたしたちは、どうしても、自分がアピールしたいことを、なんでもかんでも職務経歴書に盛り込んでしまいがちです。（わたしも、過去にこれをやって面

2. できること

ジャンル	購買業務（バイヤー業務）
できること	IT アウトソーシングのベンダー評価と選定。（RFP ／入札の企画運営／ベンダー選定）
	IT アウトソーシングの購買プロセスの設計とオペレーション管理。
	⋮
	⋮

(c)ターゲット（応募先）に合わない情報を捨てる

ジャンル	グローバルシステム企画導入
できること	海外子会社（100ヶ国）向け販売情報管理システムの要件策定／導入と活用促進。
	販売情報管理システム（画面やメッセージ）の英語化。
	海外子会社向け販売情報管理システムのグローバルヘルプデスク（英語）の立ち上げとオペレーション管理。
	⋮

ジャンル	購買業務（企画業務）
できること	オフショア（海外）ベンダーの開拓と活用促進。
	オフショア（海外）ベンダーの開拓と活用促進。
	BPO（ビジネスプロセスアウトソーシング）の仕組みの立ち上げ、運用コスト削減。
	⋮

ジャンル	英語コミュニケーション力
できること	海外（米／欧）の IT ベンダーとの価格交渉。
	TOEICXXX 点。
	英検○級。
	⋮

図4-5　情報を捨てる

接がうまくいかなかったり、転職エージェントのリクルーターからお叱りをうけたりしました…。）不必要な情報をいかに捨ててスリム化できるかがキーです。「自分メニュー」を作る意味は、不要情報を捨てるためといっても過言ではありません。

ここでは、わたしが応募したい「購買」とは関係なさそうな「グローバルシステム企画導入」は、メニューからすっぱり落としてみましょう（**図4-5**）。

②「強み」を決める

次に、あなたの「強み」を決めます。お蕎麦屋さんのメニューに書いてある「出前迅速」のように、あなたの行動特性等で優れている点を示すPRを考えましょう。

ここでのポイントは、あなたが自分で思っ

ている「強み」ではなく、他人に認知されている「強み」を見定めることです。あなたの「強み」を手っ取り早く知るための方法を紹介します。（もしあなたの転職・異動の面接まで時間がなかったら、取り急ぎ自問自答してみてください。）

「あなたは、今まで周りの人にどんな褒め言葉をもらいましたか？」

三人から同じ言葉で褒められたことがあれば、それは間違いなくあなたの「強み」です！

可能であれば、上司・同僚・部下・他部署の人・社外の人など、あなたとの関係性のバリエーションが豊富なほうがよいです。

ちなみに、わたしの場合は「スピード」と「プロジェクトリード能力」が自分の強みのようです。

（この二つは、過去の多くの上司・同僚・部下・他部署の上位者から指摘されました。）

③「キャッチコピー」を決める

「自分メニュー」の仕上げは、「キャッチコピー」です。

「はぁ!?　タレントじゃないんだから、キャッチコピーなんていらないでしょ。恥ずかしい…。」

いえいえ、自分のキャッチコピーはとても重要です。とくに外資系企業の面接では、「自分をワンセンテンスでPRしてください」と聞かれることがよくあります。

また、日本企業でも油断はできません。最近では外国人採用が増えていて管理職（＝面接官）が日本人でないケースも増えてきています。

自分メニュー（記入例）

氏名　沢渡　あまね

1. キャッチコピー

IT アウトソーシングの購買・調達のスペシャリスト。

2. できること

ジャンル	購買業務（バイヤー業務）
できること	IT アウトソーシングのベンダー評価と選定。（RFP ／入札の企画運営／ベンダー選定）
	IT アウトソーシングの購買プロセスの設計とオペレーション管理。
	⋮
	⋮

ジャンル	グローバルシステム企画導入
できること	海外子会社（100ヶ国）向け販売情報管理システムの要件策定／導入と活用促進。
	販売情報管理システム（画面やメッセージ）の英語化。
	海外子会社向け販売情報管理システムのグローバルヘルプデスク（英語）の立ち上げとオペレーション管理。
	⋮

ジャンル	購買業務（企画業務）
できること	オフショア（海外）ベンダーの開拓と活用促進。
	オフショア（海外）ベンダーの開拓と活用促進。
	BPO（ビジネスプロセスアウトソーシング）の仕組みの立ち上げ、運用コスト削減。
	⋮

ジャンル	英語コミュニケーション力
できること	海外（米／欧）の IT ベンダーとの価格交渉。
	TOEICXXX 点。
	英検○級。
	⋮

3. 強み

（1）スピード。
（2）プロジェクトリード能力。

図4-6　完成した自分メニュー

実際、わたしが過去に受けた日本企業の面接で、面接官が外国人だったことがあり「最後にあなたを説明するキャッチフレーズを教えてください」と言われました。

また、日本人であっても、海外経験の豊富な人は「キャッチコピー」を気にします。グローバル化が進む世の中において、自分を示す「キャッチコピー」を持っておくことは肉食系・草食系を問わず必須なのです。

さて、キャッチコピーとは何か？

それは、あなたの専門性／これまでの歩み／ポリシーなどを簡潔に説明するＰＲセンテンスです。「キャッチコピー」も「できること」同様、ターゲット（応募先）に合った言葉や表現を使ってください。

ここでは、わたしはＩＴアウトソーシングの購買のポジションに応募しようとしているので、その領域の経験をハイライトして「ＩＴアウトソーシングの購買・調達のスペシャリスト」としました。

自分の「強み」や「キャッチコピー」を考えるとき、「自分資産」の棚卸しと同様、複数人で質問しあいながらワイワイやるとよいと思います。客観的に自分を知ることができますし、また他人の「強み」「キャッチコピー」の事例を知ることもできますから。

これで「自分メニュー」が完成しました！

さあ、この「自分メニュー」をどう使うか。次節では、転職と異動、それぞれのケースを見ていきましょう。

4-2
転職・異動時の「自分メニュー」の使い方

さあ、あなたオリジナルの「自分メニュー」が完成しました！

「…で、どうすればよいの？　たしか『自分メニュー』は直接相手（面接官）には見せるものではないって言っていたよね…。」

ここでは、転職と異動、それぞれのケースにおける「自分メニュー」の使い方をお話します。いずれもわたし自身、あるいはわたしが開催する研修の受講者の成功事例に基づいてお話します。

■転職編

①職務経歴書の作成に役立てる

「自分メニュー」を参照することで、強弱のある職務経歴書を作成することができます。

職務経歴書には、原則としてあなたの過去すべての経歴を書く必要があります。（省略すると詐称になる場合があります。）かといって、すべての経歴や実績をなんでもかんでも盛り込めばよいわけではありません。

職務経歴書では、ターゲット（応募先）の関心に合った内容をハイライトすることが重要。「自分メニュー」に残した内容を強調し、その他の内容はさらりと書けば、自ずと強弱のある職務経歴書ができあがります。

※なお、職務経歴書の書き方は本書では触れません。これについては、世の中にたくさん出回っている専門書にお任せします。

②面接の受け答えに役立てる

面接でも「自分メニュー」をフル活用しましょう。事前に「自分メニュー」をよく読んでおくことで、アピールしたいポイントをあなたの頭の中で整理しておくことができます。

面接はとても緊張しますよね。

「緊張のあまり自分の言いたいことを面接官に伝えられなかった！」

「興奮のあまり、どうでもよいことまでＰＲしまくって、場を白けさせてしまった…！」

…こんな残念な話をよく聞きます。

「自分メニュー」に記した要点を押さえておけば、軸をブレさせることなく、自分のアピールしたいことを相手に伝えることができます。

③入社後の周りへの自己ＰＲに役立てる

面接をパスして、新しい会社にめでたく出社することになった転職後も「自分メニュー」はあなたを助けてくれます。

入社してしばらく、周りはあなたに興味津々でしょう。

「この人はどんなバックグラウンドがある人なのだろう？」

「どんなことが得意なのだろう？」

「自分メニュー」が手元にあれば、あなたの得意分野や強みを初対面の相手にもＰＲすることができます。その結果、あなたが得意とする領域の仕事をどんどん任され、あなたのキャリアの軸をより強いものにしてくれます。

■異動編

①希望異動先への「事前アプローチ」に役立てる

あなたの希望する異動先がある場合、その部署のキーパーソンへの日頃のＰＲや「根回し」が結構重要です（日本企業では特に）。

いかに希望異動先のキーパーソンや関係者に事前に気に入ってもらえるか？

そのためにも「自分メニュー」を整理しておいて、日頃から「わたしはこんなことができます！」「こんなことがやりたいです！」と、さりげなく相手にアプローチしておくことが肝心です。

また、脈がありそうならば「自分メニュー」を相手に渡してしまうのも手です。（「こんなのをまとめてみました。えへへ。」のような感じで。）

ちなみに、わたしはこの方法で過去に二度、希望する部門に異動しました。またわたしの研修の受講生で、このアプローチで異動に成功された方もいらっしゃいます。

※ただし社内公募（オープンエントリー）制度などを敷いている場合、面接以外の場での希望異動先の人たちとのコンタクトが禁止されている場合もあります。社内コンプライアンス違反にならないよう、十分注意しましょう。

②面接の受け答えに役立てる（面接がある場合）

基本的には転職の場合と同じです。ただし、社内異動の場合は即戦力よりもむしろポテンシャルに重きが置かれる場合があります。よって、「自分メニュー」に記さなかった経験やスキルもある程度説明できるようにしておいたほうがよいでしょう。

③配属後の周りへの自己PRに役立てる

これについても、転職編と同じです。

転職・異動に慣れていない「草食系」のわたしたちだからこそ、いきなり職務経歴書を書くのはちょっと待った！

「自分メニュー」でウリを整理してから、チャレンジしましょう。

この章のまとめ

(1) 転職・異動をしたい人は、まず「自分メニュー」を作ろう。

(2) 「自分メニュー」は転職・異動後も自分を助けてくれる。

第5章

「草食系」社員にとって、理想的なライフスタイル像を手に入れよ！

5-1

資産運用的な働き方をしよう

これまで、

・［棚卸し］あなたの「自分資産」を「引き出し」「部品」（「土台」）という形で棚卸し

・［投資準備］「引き出し」「部品」（「土台」）を組み合わせ

・［投資］足りない「引き出し」「部品」を補いながら

・［投資］新しいチャレンジをし

・［回収］総資産を増やす

この一連の自分資産運用のプロセスを勉強してきました。ここまでが、草食系キャリアマネジメントの流れになります。

この章では、わたしたち草食系ビジネスパーソンはこの流れにのりながら、どのような生き方（働き方）をするべきか（＝資産運用的な働き方）についてお話します。

■資産運用的な働き方のライフサイクル

以下の①〜⑥をバランスよく回すことが、資産運用的な働き方であり、ワークライフバランスを保ちながら効率よくパフォーマンスを発揮する働き方です（**図5-1**）。

①ひたすら労働
②経験・実績・ノウハウの整理と知識化
③（②の）応用・拡大展開（仕事の幅を広げる）
④学習／新たな知の吸収
⑤後任の育成
⑥人脈の拡大

①ひたすら労働

気合と根性に任せ、がむしゃらに働くことで経験・実績・ノウハウなどを蓄える。（たとえ「草食系」でも、頑張るときは頑張る！）

ただし、気合だ、気合だ、気合だー！　の働き方には年齢的な限界があるので、この働き方だけに頼るのは20代まで。20代後半からは、徐々にそのような働き方から脱する必要があります。

②経験・実績・ノウハウの整理と知識化

①によって蓄積された、経験・実績・苦労・知識・能力などを棚卸しして、資産化するフェーズです。自分を「引き出し」「部品」（「土台」）に分解整理しましょう。これがあなたの「自分資産」です。

③（②の）応用・拡大展開（仕事の幅を広げる）

②で整理した「自分資産」を活用し（足りないものは補いながら）、新たな仕事に対してパフォーマンスを発揮します。過去に蓄えた「自分資産」を武器にして、仕事の幅を広げていきましょう。

④学習／新たな知の吸収

新たな仕事を通じて得た、経験・実績・苦労・知識・能力などを棚卸しして資産化するフェーズです。今までのあなたの「自分資産」に新たな「引き出し」「部品」（「土台」）を上乗せし、総資産を増やします。

以上、②→③→④が「草食系」キャリアマネジメントのコアプロセス、すなわち資産運用的なライフサイクルの中枢です。これをひたすら回します！

とはいえ、この②→③→④を回すだけでも相当な労力を必要としますよね。全然ラクでもないし、むしろやることが増えてワークライフバランスが崩れるのではないかと、思われるかもしれません。

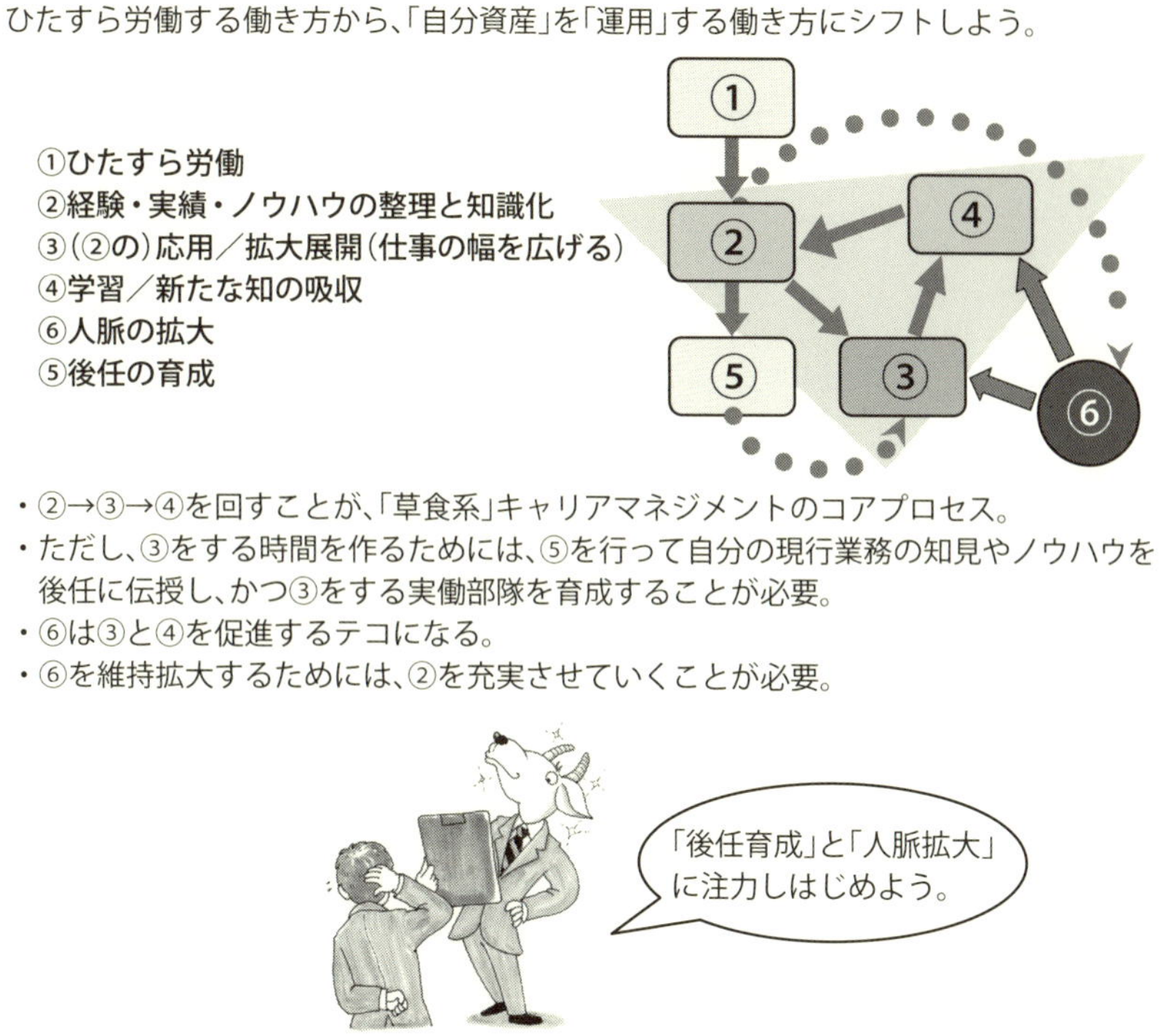
ひたすら労働する働き方から、「自分資産」を「運用」する働き方にシフトしよう。
①ひたすら労働
②経験・実績・ノウハウの整理と知識化
③（②の）応用／拡大展開（仕事の幅を広げる）
④学習／新たな知の吸収
⑥人脈の拡大
⑤後任の育成
①
②
③
④
⑤
⑥
・②→③→④を回すことが、「草食系」キャリアマネジメントのコアプロセス。
・ただし、③をする時間を作るためには、⑤を行って自分の現行業務の知見やノウハウを後任に伝授し、かつ③をする実働部隊を育成することが必要。
・⑥は③と④を促進するテコになる。
・⑥を維持拡大するためには、②を充実させていくことが必要。
「後任育成」と「人脈拡大」に注力しはじめよう。

図5–1　資産運用的な生き方のライフサイクル

はい、②→③→④だけでサイクルを回すのは結構しんどいのです。この②→③→④を円滑かつ効率的に回すために、次の⑤⑥が必要になってくるのです。

⑤後任の育成

③をする（＝新しい仕事をする）時間を作るためには、後任を育成して自分の現行業務の知見やノウハウを後任に伝授し、今まであなたがやってきた仕事を引き継ぐ必要があります。なおかつ、③（＝新しい仕事）を一緒にやってくれる実働部隊を育成することが必要になります。これをおろそかにしては、あなたがパンクしてしまいま

す。

⑥人脈の拡大

新しい仕事は、勝手にはあなたのもとに舞い込んではきません。指をくわえて待っていてもダメですし、「あれがやりたい」「これがやりたい」と、一人で思っているだけでもダメなのです。また、新しいコトをしなければ、新たな「引き出し」「部品」（「土台」）も増えません。

新しい仕事をあなたに持ってきてくれるのは？……そう、「ヒト」ですよね。ということは、あなたは「自分資産」（＝自分の「部品」「引き出し」や「土台」）を「ヒト」に見せ、その「ヒト」から新しい仕事をもらえるように仕向ける必要があります。

すなわち、人脈を広げる必要があるのです。

また、人脈はあなたの仕事の幅を広げるのみならず、あなたが困ったときの助けにもなります。あなたが仕事で困ったとき、他人から必要な「引き出し」「部品」を借りてくることができるでしょう。つまり⑥は③と④を促進するテコになるのです。社内外問わず、積極的に人脈を広げていきましょう。

人脈を維持拡大し、ビジネスにおいて人脈を維持しなおかつ広げるためには、あなたが相手にとって何らかの価値を提供してくれる人である必要があります。

ここでいうあなたの価値とは、経験・実績・ノウハウなどを豊富に持っていて、かつそれをすぐ提供してくれる状態（＝「引き出し」「部品」が利用可能な状態）であることを言います。⑥を維持拡年齢にあわせて、①～⑥の比重をシフトさせてゆこう。

プロセス	20代	30代	40代	50代
①ひたすら労働	→	↘	↘	↘
②経験・実績・ノウハウの整理と知識化		↗	→	→
③応用／拡大展開		↗	↗	↗
④学習／新たな知の吸収		↗	→	→
⑤後任の育成		↗	↗	↗
⑥人脈の拡大		↗	↗	↗

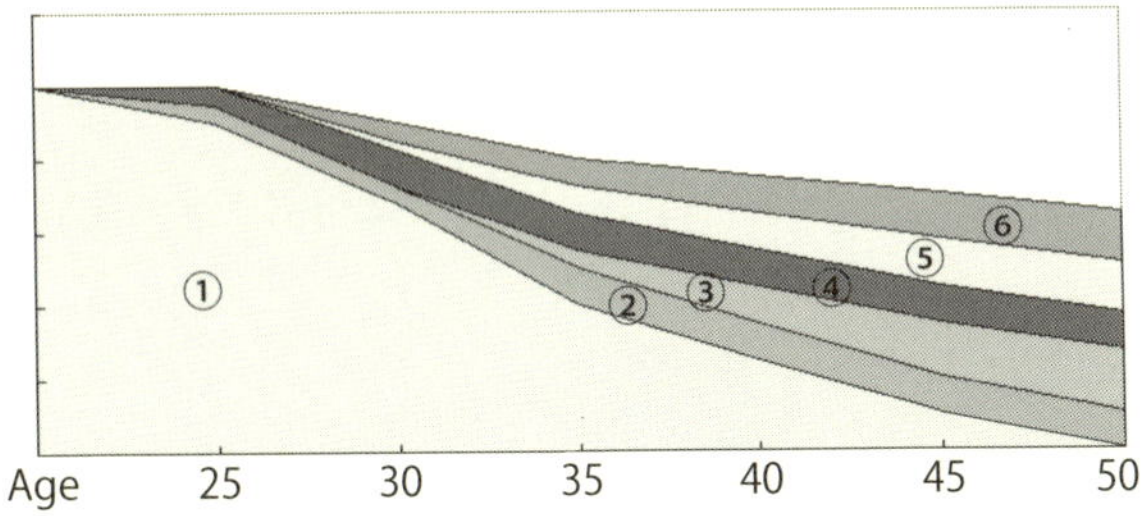

図5-2　資産運用的なライフサイクルの年齢による比重シフト

大するためには、②を充実させてゆくことが重要なのです。②→③→④を回していくために、「後任育成」と「人脈拡大」に注力しはじめましょう。

ここまでの説明で、①～⑥は依存関係にあることがおわかりいただけたでしょうか？

■自分の年齢にあわせて、①～⑥の比重をシフトさせよう

今見てきたサイクルを上手く回すためには、①～⑥それぞれの活動に対する力のかけ方（比重）を**図5-2**のように年齢に応じて変えていく必要があります。

気合と根性で満ち満ちている20代は、振り返らずに前に進みましょう。やる時はバ

リバリ仕事してください。そしてたくさんの成功体験と失敗体験を得てください。20代後半〜30代前半になったら、①をトーンダウンし、②〜⑥に注力し始めましょう。

40代、50代と年齢を重ねるにつれ、①の比重をどんどん小さくしていく必要があります。その代わり、③⑤⑥の比重を上げましょう。すなわち、仕事の幅を広げること、若手を育成すること、人脈を拡大することに注力していくイメージです。

この年代は、新しい仕事に対して自らが中心的人物となってアクセクと手足を動かすのではなく、「若手にどんどん任せて若手に新たな経験をさせる」→「そこで若手が得た「部品」「引き出し」をリーダーとして吸い上げて整理する」→「人脈を使って外（他人）にアピール」→「外（他人）から新しい仕事を得てくる」→「若手にどんどん任せて…というサイクルを回す」、これが理想的な姿ではないでしょうか。

自分が手足を動かす時間は少なくし、人との交流に積極的に時間を費やしましょう！

5-2

草食系だからこそ「惰性モード」と「加速モード」を使い分けよう

「自分資産運用型」のキャリアマネジメントは、「強いときのあなた」も「弱いときのあなた」も助けてくれます。

人生楽あれば苦もある。そして、おなじ自分でも強いときもあれば弱いときもあります。ましてや草食系のわたしたちならば、なおさらです。心や体が弱っていて（あるいは環境に恵まれなくて）思うようにバリバリ働けないときもあるでしょう。

「草食系」のわたしたちは、「強い自分」も「弱い自分」も受け入れて、いろいろなときの自分とうまくつきあえるようにしておく必要があります。

「自分資産」を蓄えておけば、「惰性モード」と「加速モード」をうまく切り替えながらあなたが強いときも弱いときも、潰れてしまわずに前に進んでいくことができます。

■「惰性モード」

あなたが弱いとき（疲れている／やる気が出ない／思うように働けないとき）は、このモードで。

「いま頼まれている仕事は、過去にやったあの仕事のやり方がそのまま応用できるから、それでラクに流そう。」

こんな感じで、「自分資産」を使ってラクをしましょう。結果、自分資産は増えませんが（しかし、減りもしません）、それでよいのです。弱っているときは資産を無理に増やそうとせず、自分を生き永らえさせてくれる保存食として活用しましょう。

■「加速モード」

あなたが強いとき（やる気満々／チャレンジ精神旺盛なとき）は、このモードで。草食系のわたしたちにはその時間が限られています。自分の中にある「自分資産」を総動員して、さらに足りないものは補給して、新しい仕事に果敢にチャレンジしましょう。そして「利益」を回収して、「自分資産」を大きくしていきましょう。

２０１３年4月に改正高年齢者雇用安定法が施行され、従業員の65歳までの継続雇用制度を導入する企業が増えてきました。わたしたちが働かなければならない期間はじわりじわりと長くなりつつあります。

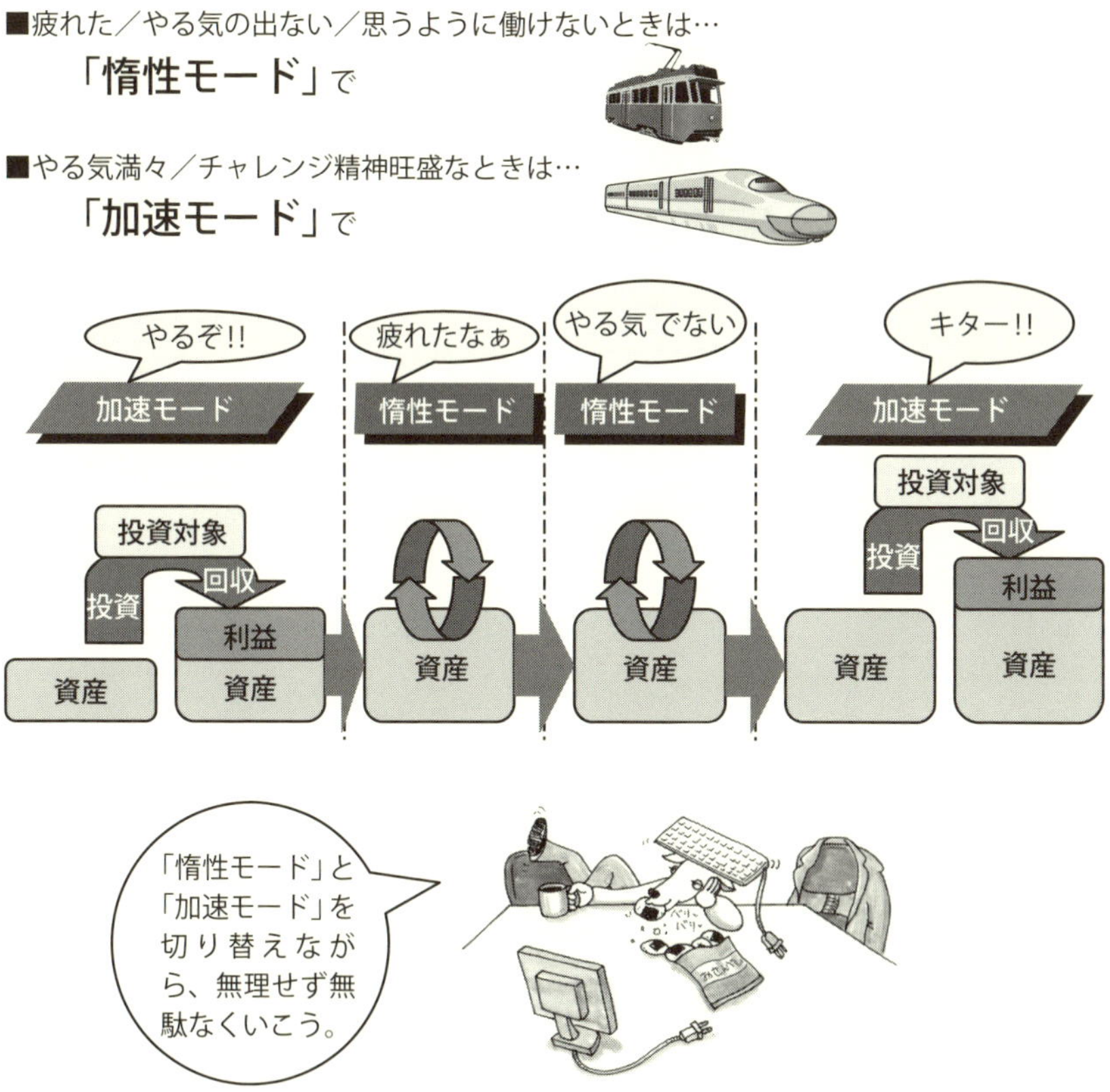
■疲れた／やる気の出ない／思うように働けないときは…
「惰性モード」で
■やる気満々／チャレンジ精神旺盛なときは…
「加速モード」で
やるぞ!!
加速モード
投資対象
投資
回収
利益
資産
資産
疲れたなぁ
惰性モード
資産
やる気でない
惰性モード
資産
キター!!
加速モード
投資対象
投資
回収
利益
資産
資産
資産
「惰性モード」と「加速モード」を切り替えながら、無理せず無駄なくいこう。

図5-3　草食系社員の！惰性モードと加速モードの使い分け

長い人生、わたしたち「草食系」は、「肉食系」のような高いモチベーションを保ち続けながら常にフルパワーで走り続けていたら、いずれ疲れてしまいます。かといって、いつも、のほほんとしていたらドロップアウトしてしまうでしょう。

ダメなときは「惰性モード」で、イケてるときは「加速モード」で「自分資産」を活用し、この二つのモードを適度に切り替え、無理せず／無駄なく／でもしたたかに、歩んでいきましょう！

コラム

「聞かれ上手」になろう

わたしは人にものを聞かれるのが大好きです。

自分が過去に仕事でやってきたこと、あるいはいまやっている取り組みについて、はたまた趣味の旅行に関して。

最近、社内外を問わずわたしが取り組んでいる業務領域についてのお問合せやご相談を受けることがとても多く自分でも驚いています。わざわざ遠方から訪ねてくださった方もいました。嬉しくて仕方ありません。聞いてくれた全ての人に対して「ありがとう!」の気持ちでいっぱいになります。

嬉しい理由はさまざまです。

■人の役に立てるから
■答えることで、自分の知識が整理できるから
■新たに人とつながることができるから

…などなど。

わたしは「聞かれること」「それに答えること」はキャリアマネジメントの根幹をなす重要なアクティビティーだと思っています。


人から物を聞かれることは、四つのチャンスを得ることです。

[1] あなたの知識を整理するチャンス!
[2] 知らないことについて、知見を広げるチャンス!
[3] あなたの「ファン」を増やすチャンス!(「あなたブランド」を高めるチャンス!)

【4】人脈を広げるチャンス！

例えば、あなたがAさんという人からこんな相談を受けたとしましょうか。

「蒲田の和菓子のお店を知りたい。美味しいお饅頭を食べたいが、できればお煎餅の美味しいお店も教えてほしい。」

【1】あなたの知識を整理するチャンス！

あなたは自分の知っている、蒲田の美味しい和菓子屋さんを思い出してAさんに教えようとしますよね。それは自分の過去の経験、体験を思い起こすことになるわけです。

「あの店もいいな。この店はいまいちだったから、教えるのはやめておこう…」という具合に。これにより、「蒲田の和菓子屋」という領域に関するあなたの知識を整理することができます。また、思い起こすプロセスで自分が忘れていた名店を思い出すかもしれません（埋没知識の再認識）。「あ、あのお店も良かったな！」

そして、整理された知識はあなた自身の役に立つこともあります。「ひさしぶりに、あのお店に家族を連れて行ってみようか。」

知識を整理することは、質問者だけでなく回答者（あなた）自身のためにもなるのです。

【2】知らないことについて、知見を広げるチャンス！

知っていることを答えるだけなのに、なんで知見が広がることがあるの？　と思われるかもしれないですね。ある意味正解です。あなたは自分の知っていることしか答えることはできません。ところが、相手から聞かれた内容について、あなたが知らないことが含まれていることがありますよね。

あなたは、「お饅頭屋には詳しいが、お煎餅屋については詳しくない」場合、どうするか？

「蒲田のお饅頭屋なら、このお店がオススメだよ。お煎餅屋についてはよくわからないや」と答えるのもありでしょう。

ところが、こうしたらどうでしょうか？

「お煎餅屋については、よくわからないなぁ。どうしよう。あ、そうだ！　確かBさんが詳しいぞ。聞いてみよう！」

あなたはBさんに電話して蒲田の美味しいお煎餅屋さんについての情報を得ます。そして、Aさんにこう答えます。

「蒲田のお饅頭屋なら、このお店がオススメだよ。お煎餅屋についてはよく知らないんだけれど、知人に聞いてみたらあのお店がオススメだって言っていたよ。」

Aさんに対してより付加価値のある情報を提供するのみならず、「蒲田のお煎餅屋」という未知の領域についてあなた自身の知識を増やすことができるのです。

【3】あなたの「ファン」を増やすチャンス！（「あなたブランド」を高めるチャンス！）

聞かれたことに対して親身になって答えれば、質問者のあなた対する信頼はより高いものとなるでしょう。［2］の例のように、自分でわざわざ情報を仕入れて補足してあげたりすればなおのこと。（わたし自身「いったい、どこでそんな情報仕入れたのですか？」と感謝されたことがあります。これがまた嬉しい。）

このような付加価値ある情報提供を繰り返すことは、あなたの「ファン」を増やすことになります。別の言い方をすればあなたに対する「ブランドイメージ」を高めることになります。

あなたの「ファン」になったAさんは、CさんやDさんにこの話（蒲田の和菓子屋に対して、あなたが有識者であり且つ価値ある情報提供をしてもらった体験談）をするかもしれないですね（口コミってやつです）。その話を聞きつけた、Cさん、Dさんもまたあなたに情報提供を依頼するかもしれません。

そしてあなたはCさん、Dさんにも情報提供をし、CさんDさんもあなたの「ファン」になる…。このようにして「あなたブランド」はどんどん高まっていきます。

さて、あなたの「ファン」が増えると　＝　「あなたブランド」が高まるとどんないいことがあるのでしょうか？　その答えは［4］にあります。


【4】人脈を広げるチャンス！


Aさんは、あなたの「ファン」になり、「あなたブランド」を高めてくれました。Cさん、Dさんは「あなたブランド」によってあなたのもとに呼び寄せられてきました。つまり、あなたはAさん、Cさん、Dさんという新しい人脈を得ました。

人脈が広がると、どんなよいことがあるのでしょうか？

［2］に戻ります。

あなたが困ったとき、知りたいことができたときに相談する相手（＝聞くチャネル）が増えたのです。Aさん、Cさん、Dさんはあなたの恩恵を受け、あなたの「ファン」になった人たちですから、あなたの協力依頼を無碍に断ることはないでしょう。きっと喜んで協力してくれるはずです。

このようにして、「聞かれること」「それに答えること」を繰り返すことはあなたの知識を高め、あなた自身のブランド価値を高め、人脈を広げ…このような好循環の「キャリアマネジメント」サイクルを生み出すのです。

情けは人のためならず。

第 6 章

「草食系キャリアマネジメント」のまとめ

～「草食系」の19の心得～

①「キャリアデザイン」ではなく「キャリアマネジメント」をしよう

「キャリアデザイン」とは自分のやりたいこと（＝希望）を軸に、未来のキャリアパスを設計すること。これに対し、「キャリアマネジメント」とは自分の過去（＝事実）を軸に、現在の職務に対してパフォーマンスを発揮しながら未来のキャリアパスを設計することを言います。今の仕事を大切にしながら（アイドリングせずに）、未来に向けてジャンプする…このような「キャリアマネジメント」を目指しましょう。

②加齢とともに、仕事に費やせる時間は限られてくる（はず）

③体力任せ（気合と根性）の働き方から脱しなければならない

気合と根性で走り続ける働き方には限界があります。年を重ねるごとに仕事以外のライフイベント（結婚、出産、子育て、病気など）が増えてきますし、加齢とともに体力も落ちてきます。20代後半からは、体力任せの働き方を脱することを考え、実践していきましょう。

◇　◇　◇

④「投資」→「回収」の「資産（自分）運用」を考えていこう（第1章）

20代後半までで、あなたの「貯金」（＝経験・実績・苦労・知識・能力など）は十分にたまってきたはずです。これからは、その「貯金」を「資産（自分資産）」としてとらえ、それをどう運用（投資～回収）していくかを意識しましょう。自分の過去、すなわち「自分資産」を活かして、いかにラクをするかを考えるのです。

◇　◇　◇

⑤まずは自分の経験・スキルなどを「棚卸」してみよう（第2章）

あなたが「どこで」「なにをやって」「なにを身につけたか」、これをまずリストアップしましょう。これがあなたの「引き出し」となります。

⑥過去の「経験」「実績」「苦労」「ノウハウ」を洗い出そう（第2章）

あなたの具体的な経験や実績（＝「やったこと」「残したもの」）、あなたの具体的な成功（失敗）体験や苦労（＝「失敗したこと」「苦労したこと」「成果」）、あなたが得たノウハウや知識（＝「身についたこと」「学んだこと」）、このようなものをリストアップしてみてください。これがあなたの「部品」になります。またこれらの目に見える成果物のみならず、過去の「判断」「考え」「気づき」「発した言葉」「態度・姿勢」なども「部品」になりえることを覚えておいてください。

⑦他人の目を通すことで、自分資産の価値に「気づく」ことができる。また他人資産を知ることができる（第2章）

自分では「取るに足らない」と思っていた経験や実績が、他人から見たら「貴重な経験」「光るノウハウ」であるということはよくあることです。あなたが棚卸した自分の「引き出し」「部品」は、ぜひ第三者に見せてフィードバックしてもらいましょう。

⑧自分資産を「見えるよう」「必要に応じて取り出せるよう」にしておくことが重要（第2章）

自分資産（＝あなたの「引き出し」「部品」）は「見えるよう」「必要に応じて取り出せる」ようにしておくことが大切です。「見えるよう」にしておくことで、今の自分に何ができて、何ができない、そして何が足りない、を把握できますし、必要に応じて自分を補強するためのアクションにつなげることができます。「必要に応じて取り出せるよう」にしておくことで、いざあなたの「引き出し」「部品」が必要となったときに即時に使う（パフォーマンスを発揮する）ことができます。「あのとき、どうやったっけ？」これをすぐに思い出して使えるようにしておきましょう。

◇　◇　◇

⑨自分資産を組み合わせることで、どんなことができるかを想像しておこう（第3章）

自分の「引き出し」「部品」（「土台」）の組み合わせで、目の前のタスクをクリアできそうか？　どんな新しいことができそうか？　どんなことがやりたいか？　をシミュレーションしましょう。

⑩足りないものは「内製」か「外注」で補おう（第3章）

あなたが新しい仕事にチャレンジする上で、自分資産（＝自分の「引き出し」「部品」）を組み合わせただけでは太刀打ちできない事もあるでしょう。あって当然です。その場合は、足りない「引き出し」「部品」を明確にし、さらにどう調達するか（補うか）を考える必要があります。調達方法は「内製」か「外注」の二択。すなわち、自分で身につけるか、他人に頼るかのどちらかです。

⑪他人資産を「知る」ことも重要（第3章）

自分資産だけではなく、他人資産（他人の「引き出し」「部品」）も知っておきましょう。自分に足りない「引き出し」「部品」のありかを把握でき、いざというときに頼る（「外注」する）ことができます。

⑫戦略的「チラリズム」&ストーリー力で自分をアピールしよう（第3章）

新しい仕事やチャンスを得るには、自分がどんな「引き出し」「部品」をもっているかを周りに知ってもらわなければなりません（勝手にあなたのもとに舞い込んではきませんから）。あなたがどんな「引き出し」「部品」をもっているか、日常的な機会をとらえて捉えてさりげなく「小出し」にしていきましょう。（＝戦略的「チラリズム」）。そして、あなたがやってきたことをより具体的かつ効果的に周囲に伝えることができるよう、「これは」と思う実績はストーリーにしておきましょう。

⑬常日頃「ストーリー構築力」「プレゼンテーション能力」を磨いておこう（第3章）

あなたに足りない「引き出し」「部品」を会社（組織）に調達してもらうためには、その必要性と費用対効果をかつ定量的、定性的に説明することが求められます。そのための「ストーリー構築力」と「プレゼンテーション能力」は欠かせないものです。

⑭（管理者やチームリーダーは）チームメンバーの自分資産を知り、組み合わせで得られる新たな価値を想像・創造しよう（第3章）

⑮価値ある経験は得てして「振り返り」によって生成されるものである（第3章）

仕事に対して一生懸命になっているとき、渦中にいるとき、その経験の価値はなかなか見えてこないものです。価値ある経験というのは、後から振り返ってみてその価値が認識されるもの。逆に、振り返りをしないとせっかくの価値ある経験が資産化されずに忘れ去られてしまう「もったいないこと」にもなりかねません。

定期的に自分の振り返り＝「引き出し」「部品」の棚卸しをしましょう。

◇　◇　◇

⑯転職・異動をしたい人は、まず「自分メニュー」を作ろう（第4章）

転職や異動経験のない（少ない）「草食系」のわたしたち。職務経歴書を書く前に一呼吸。「自分メニュー」を作って自分の「ウリ」を整理しましょう。

⑰「自分メニュー」は転職・異動後も自分を助けてくれる（第4章）

「自分メニュー」を持っておけば、わたしたちは転職・異動後の新しい職場の人たちに自分をＰＲしやすくなります。その結果、得意領域の仕事をどんどん任され、自身のキャリアの軸がより強いものになります。

◇　◇　◇

⑱「後任育成」と「人脈拡大」に注力しはじめよう（第5章）

気合と根性の働き方から脱し、資産運用的なライフサイクルを円滑にまわすために必要な要素です。あなたがやってきた仕事を後任に引き継いでゆくと同時に、新しい仕事に一緒に取り組んでくれる実働部隊を育成しましょう。また、新しい仕事を持ってきてくれるのは「ヒト」に他なりません。人脈を広げましょう。人脈はあなたの仕事の幅を広げるのみならず、あなたが困ったときの助けにもなります。

⑲「惰性モード」と「加速モード」を切り替えながら、無理せず無駄なくいこう（第5章）

わたしたちは疲れているとき／やる気の出ないとき／環境に恵まれないときもあれば、やる気に満ち満ちているときもあります。人間…とりわけ「草食系」の人間ですから波があって当然。ダメなときは「惰性モード」で、イケているときは「加速モード」でいきましょう。

～「草食系」の19の心得～

①「キャリアデザイン」ではなく「キャリアマネジメント」をしよう
②加齢とともに、仕事に費やせる時間は限られてくる（はず）
③体力任せ（気合と根性）の働き方から脱しなければならない
④「投資」→「回収」の「資産（自分）運用」を考えていこう
⑤まずは自分の経験・スキルなどを「棚卸」してみよう
⑥過去の「経験」「実績」「苦労」「ノウハウ」を洗い出そう
⑦他人の目を通すことで、自分資産の価値に「気づく」ことができる。また他人資産を知ることができる
⑧自分資産を「見えるよう」「必要に応じて取り出せるよう」にしておくことが重要
⑨自分資産を組み合わせることで、どんなことができるかを想像しておこう。⇒　自分自身の化学反応
⑩足りないものは「内製」か「外注」で補おう
⑪他人資産を「知る」ことも重要
⑫戦略的「チラリズム」＆ストーリー力で自分をアピールしよう
⑬常日頃「ストーリー構築力」「プレゼンテーション能力」を磨いておこう
⑭（管理者やチームリーダーは）チームメンバーの自分資産を知り、組み合わせで得られる新たな価値を想像・創造しよう
⑮価値ある経験は得てして「振り返り」によって生成されるものである
⑯転職・異動をしたい人は、まず「自分メニュー」を作ろう
⑰「自分メニュー」は転職・異動後も自分を助けてくれる
⑱「後任育成」と「人脈拡大」に注力しはじめよう
⑲「惰性モード」と「加速モード」を切り替えながら、無理せず無駄なくいこう

図6-1　まとめ

最後に、この本を読んでいただいた「草食系」のみなさんに、8つの問いかけをさせていただきます。

ぜひ、自問自答して明日からの生き方、働き方につなげていってください。

〜「草食系」のみなさんへの八つの問いかけ〜

①「人は忘れやすい生き物である」

⇓　でも、いいことも忘れちゃうんですよね。原石や光る宝石までも忘れてしまっていませんか？

②「自分の部屋にどんな引き出しがあるか整理できていますか？」

③「引き出しにどんな部品が入っているかわかりますか？」

⇓　自分資産を棚卸整理できていますか？

④「引き出しから部品が取り出せるようになっていますか？」

⑤「部品は必要に応じて使えるようになっていますか？」

⇓　部品化／ナレッジ化／ストーリー化できていますか？

⑥「出会って活躍したい部品たちが、バラバラになっていませんか？」

⇓　部品の「組み合わせ」で得られる価値を意識できていますか？

⑦「引き出しに鍵はかかっていませんか？」

⇓　自分資産をアピールできていますか？

⑧「隣の部屋にどんな引き出し、どんな部品があるかわかりますか？」

⇓　他人資産を知っていますか？

おわりに

「草食系」のわたしが自ら実践し、そして理想としている「自分資産運用型」のキャリアマネジメントの方法論をお話させていただきました。

この本を読み終えた皆さんは、もはやいままでの弱い「草食系」ではありません。どんな環境変化にも耐えられる、強い「草食系」に変わっていることを確信しています。どうぞ、自信を持って一歩一歩前進しましょう。

「部品」「引き出し」の発想は、わたしが週末に自宅で娘とブロックで遊んでいてふと思いつきました。

「ブロックでおうちを作りたい！」と娘にせがまれ、久しぶりにおもちゃ箱をひっくり返してみたら、思いのほかたくさんの部品があったことに気づきました。そして、その部品を組んでみたら、なかなか立派な作品（おうち）をつくることができたのです。

そのとき「あれ？　もしかしたらこれって仕事に通ずるものがあるかも。そもそも、わたし自身が忘れてしまった、使える『部品』がたくさんあるのでは？」「その『部品』を見つけて、組み合わせたらもっと仕事をラクにこなすことができるかな？」

なんてことを想像（妄想）したのがきっかけです。

まずは、あなた自身というおもちゃ箱をひっくり返してみませんか？あなたの中の、忘れられた「引き出し」「部品」は、きっとあなたに思い出してもらえるのをじっと待っていますよ！

それらは、いつかきっとあなたを助けてくれる貴重な武器となり得るものです。日々のお仕事に取り組まれる際、「あれ、今の経験って『部品』になりえるかな？」「せっかくこの仕事をやるなら自分の『引き出し』『部品』にしてやろうじゃないか！」という考え方で臨んでいただきたいと思います。そうすることで、あなたの総資産はどんどん増えていきます。

日本の労働事情は、日々刻々と厳しさを増しています。

■少子高齢化による労働人口の減少
■終身雇用の崩壊
■マーケットパワーの縮小
■事業のグローバル化加速に伴う、業務の海外移転の進行
■ＢＣＰとしての業務の分散化、業務の海外移転の進行

このような状況下、いつわたしたちの仕事がなくなるとも限らないし、昨日とは全く違う仕事をやれと言われるかもわからない。わたしたちビジネスパーソンは、こうした厳しい状況に向き合っていかなければならないのです。

一方で、暗い話ばかりでもありません。グローバル化が進む中、日本で培ったものづくりの技術や

品質を強みにして、海外に打って出る中小メーカーも増えてきました。

地方の小さなお菓子屋さんや絹織物メーカーなどで、独自のブランドを展開して脚光を浴び、国内外で勢いを強めている会社があるという話も聞きます。

製造業ばかりではありません。「おもてなし」という日本古来のきめこまやかなホスピタリティを売りにしたサービスを海外で展開し、成功しているサービス業も出てきています。

もちろん、そのような企業は並々ならぬ努力とイノベーションを重ねてきていることでしょう。しかし、根幹にあるのは、過去に築いた「資産」を見つめ直し、その中の「強み」を発展させる自己認識と発展の取り組みなのではないかと思っています。そして、そういう取り組みは、なにも企業レベルでのみ行われる「個人に無関係の、どこか遠くで行われている活動」ではなく、個人レベルでもどんどんやればよいのではないでしょうか。

こんな厳しい時代だからこそ、今までやってきたことを無駄にせず、自分自身の中にある使えるモノは何でも使う。そういう姿勢で、自分の「引き出し」「部品」を発掘して光をあてられるか、そこから新たな活路を見出せるか…それが大事です。

自分自身の過去の「築き」に対して「気づき」を得ること。それが「草食系」のわたしたちが「肉食系」に負けない強さでキャリアアップする第一歩！

この本でお伝えした「草食系」のキャリアマネジメントのエッセンスを、みなさんの「部品」として使っていただければ、そして、わたし自身がみなさんの「部品」の一つになれたら大変嬉しいです。

どうぞ、存分に活用してください！

「草食系」に幸あれ!!

2014年2月

沢渡　あまね

a-sawatari@aroma.ocn.ne.jp

付 録

付録 1

自分棚卸しシート

氏名 ＿＿＿＿＿＿　記入日 ＿＿＿＿＿＿

1. 土台(勤務先の情報)

No.	会社名(学校名)	所属部門／グループ	年数
A			
B			
C			
D			
E			
F			
G			
H			

2. 引き出し
(経験した業務分野や領域、取得した資格など)

No.	「引き出し」の記述	土台No.	分類(※)
1			
2			
3			
4			
5			
6			
7			
8			
9			
10			

3. 部品
(経験や実績、成功(失敗)体験や苦労、得たノウハウや知識、など)

No.	「部品」の記述
1-1	
1-2	
1-3	
2-1	
2-2	
2-3	
3-1	
3-2	
3-3	
4-1	
4-2	
4-3	
5-1	
5-2	
5-3	
6-1	
6-2	
6-3	
7-1	
7-2	
7-3	
8-1	
8-2	
8-3	
9-1	
9-2	
9-3	
10-1	
10-2	
10-3	

※分類：「Specific」(専門的)または「General」(汎用的)を分類し記入してください。

付録 2

組み合わせスタディシート

氏名 ＿＿＿＿＿＿　記入日 ＿＿＿＿＿＿

1. 組み合わせスタディ

No.	組み合わせ（「自分棚卸シート」で整理した「引き出し」「部品」の No. を記入する）										足りない「引き出し」「部品」有無		組み合わせで得られる価値「こんなことができそうだ」「こんなことがやりたい」
い		×		×		×		×		×	あり／なし	=	
ろ		×		×		×		×		×	あり／なし	=	
は		×		×		×		×		×	あり／なし	=	
に		×		×		×		×		×	あり／なし	=	
ほ		×		×		×		×		×	あり／なし	=	

2. 足りない「引き出し」「部品」の整理

No.	足りない「引き出し」「部品」の記述		調達区分（※）	調達方法（どうやって手に入れるか?）
い	い01			
	い02			
	い03			
ろ	ろ01			
	ろ02			
	ろ03			
は	は01			
	は02			
	は03			
に	に01			
	に02			
	に03			
ほ	ほ01			
	ほ02			
	ほ03			

※調達区分：「内製」または「外注」を分類し記入してください。

付録 3

自分メニュー

氏名

1. キャッチコピー

2. できること

ジャンル	
できること	

ジャンル	
できること	

ジャンル	
できること	

ジャンル	
できること	

3. 強み

〈著者紹介〉

沢渡　あまね（さわたり　あまね）

1975年生まれ。自動車会社と情報システム企業を経て、現在は製造業に勤務。購買部門、海外マーケティング部門、情報システム部門、広報部門を経験。2012年よりビジネスパーソンのキャリア育成や基礎能力向上のための各種講演会や研修を開催し講師をつとめる。

「草食系」キャリアマネジメントがポリシー。
日本で生まれ育ったごくごくフツウのビジネスパーソンが、これからの時代を「無理せず」「無駄なく」生き抜くために必要な「5つの力」を身につけるためのコンテンツを日々提供している。「草食系」のグローバル化を後押しする活動、「身の丈グローバル」の副代表。著書に「英語で働け！　サラリーマン読本」がある。ブログ「20代後半から考えるキャリアマネジメント」、無料メールマガジン「あまねnote」執筆者。

■ブログ「20代後半から考えるキャリアマネジメント」
http://a-sawatari.blog.ocn.ne.jp/blog/

■「身の丈グローバル」
www.minotake-global.jp

無理しないから無駄もない
「草食系」社員のためのお手軽キャリアマネジメント　NDC336

2014年2月25日　初版1刷発行　定価はカバーに表示されております。

©著　者　沢　渡　あまね
発行者　井　水　治　博
発行所　日刊工業新聞社
〒103-8548　東京都中央区日本橋小網町14-1
電話　書籍編集部　03-5644-7490
販売・管理部　03-5644-7410
FAX　03-5644-7400
振替口座　00190-2-186076
URL　http://pub.nikkan.co.jp/
email　info@media.nikkan.co.jp

印刷・製本　新日本印刷

落丁・乱丁本はお取り替えいたします。　2014　Printed in Japan
ISBN 978-4-526-07211-6